Bettina Büx

Die REGULUS-Botschaften

Bettina Büx

Die REGULUS Botschaften

Band V

EchnAton Verlag

Wichtiger Hinweis

Die Autorin dieses Buches gibt weder medizinische Ratschläge noch empfiehlt sie den Gebrauch irgendwelcher Techniken zur Behandlung physischer oder psychischer Probleme. Ihre Absicht ist lediglich, generelle Informationen zur Verfügung zu stellen, um Sie bei Ihrer Suche nach geistigem und emotionalem Wohlbefinden zu unterstützen. Jede Anwendung dieser Informationen geschieht auf eigene Verantwortung. In gar keinem Fall geht es darum, die genannten Stoffe und Substanzen zu sich zu nehmen, zumal einige hochgradig giftig und die meisten keine Nahrungsmittel sind. Vielmehr geht es lediglich um das Bewusstsein der Energie. Die Lektüre von Band V der Regulus-Botschaften macht die Betreuung durch einen Arzt, Heilpraktiker oder Psychotherapeuten nicht überflüssig, wenn der Verdacht auf eine Gesundheitsstörung besteht. Die Informationen des Buches sind nach bestem Wissen und Gewissen dargestellt. Sowohl die Autorin als auch der Verlag übernehmen dennoch keinerlei Haftung für Schäden irgendwelcher Art, die direkt oder indirekt aus der Anwendung der Angaben in diesem Buch entstehen.

Bei möglichen unterschiedlichen Schreibweisen wurde die von der Duden-Redaktion empfohlene Schreibvariante verwendet.

1. Auflage April 2019

Gesamtherstellung: Diana Schulz
Coverfoto: dreamstime©Vitaliy Smolygin
Lektorat: Angelika Funk
Druck und Bindung: CPI books GmbH, Leck
ISBN: 978-3-96442-008-4

www.echnaton-verlag.de

Mit einem ganz großen Dankeschön widme ich dieses
Buch meiner geschätzten Verlegerin Diana Schulz.

Sie war die Frau der ersten Stunde. Weil sie mit dem
Herzen liest, hat sie als Erste die überwältigende
Bedeutung und drängende Wichtigkeit der
Botschaften erkannt und deren Verbreitung zu
ihrer Herzensangelegenheit gemacht.
Nur mit dem Herzen sieht man gut!

Liebe ist ...

... Gott und Gott ist Liebe. Liebe ist gänzlich offenbar und dennoch gänzlich Geheimnis.

Liebe ist der Stoff, aus dem alles gemacht ist, was jemals nach ihr fragen kann, und gleichwohl das größtmögliche aller Mysterien. Sie genügt sich selbst vollkommen und ist dennoch in ewiger Ausdehnung begriffen.

Liebe ist nicht teilbar. Sie gibt sich ganz und gar hinweg und bleibt indes ganz und gar bei sich selbst.

Liebe ist wahrhaft wunderbar, denn sie ist selbst das Wunder. Sie ist die unendliche Faszination des Göttlichen von sich selbst. Sie ist der Kniefall des Schöpfers vor seinem eigenen Spiegelbild. Sie ist die ewige und einzige Antwort Gottes auf seine Frage nach sich selbst. Sie ist die Wahrnehmung von Vollkommenheit.

Liebe ist die heilige Selbstwahrnehmung Gottes.

Regulus

Inhalt

Vorwort

Liebe Leserin, lieber Leser, in seinen vierten Botschaften thematisierte Regulus die Macht des Wortes und der Tat und bezeichnete sie als Verbündete der Liebe. Da beide in ihrer Kraft gar nicht zu überschätzen sind, werden wir uns in Anlehnung daran erneut diesem unerschöpflichen Thema widmen und uns auf eine wundervolle ›Weltreise‹ durch die Vielfalt irdischer Sprachen begeben. Viel Spannendes wird es hier zu erkunden und zu entdecken geben. Wie wir es von Regulus gewohnt sind, gehen wir den Dingen auf den Grund und werfen einen Blick hinter die Fassade der äußeren Erscheinungen der Dinge. Da jede Sprache als solche uns viel zu sagen hat über die Menschen, die sie sprechen, werden wir germanische, romanische, slawische und semitische Sprachen unter die Lupe nehmen. Wir werden ›ganz genau hinhören‹.

Neben dem Wort ist die Tat die zweite Verbündete der Liebe. Wie die Macht des Wortes uns zu einem Ausflug in die Vielfalt irdischer Sprachenwelten führt, so lenkt die Macht der Tat uns direkt zu einem genaueren Blick auf die Menschen selbst und damit auf die herrliche Vielfalt menschlicher Volksgruppen und Hautfarben.

Von hier aus ist es nur ein kleiner, sehr vergnüglicher Schritt zu unseren liebsten und treuesten Gefährten, den Haustieren, die sich uns Menschen seit grauer Vorzeit angeschlossen haben und uns auf unserem Lebensweg begleiten. Unser gemeinsamer Streifzug durch die wundervolle

Welt der herrlichen Gaben Gottes führt uns von der Fauna über die Flora und zahlreiche Stoffe und Elemente unterschiedlichster Art bis hin zu den vielfältigen Metallen und schließlich in die bunte Welt der Farben.

Als besonderes Highlight wenden wir uns abschließend der wunderbaren, betörenden Welt der Düfte zu und spüren den ›3 Düften der Demokratie‹ wie auch den ›4 Düften der Weisheit‹ nach.

Wir dürfen also gespannt sein und uns auf neue Sichtweisen und erstaunliche Einblicke freuen. Hier ist zweifellos für jeden etwas dabei, bleiben Sie neugierig!

Ihre Bettina Büx

Einleitung

»Wem Gott will rechte Gunst erweisen ...«

Mein lieber Freund, meine liebe Freundin, in unseren vier vorangehenden Botschaften haben wir uns ausführlich mit Dir, mit dem Wesen und Sein des Menschen, wie auch mit dem Wesen und der Natur Gottes beschäftigt. Unsere nunmehr fünften Schriften befassen sich im Gegensatz dazu in der Hauptsache mit Deiner Außenwelt. Wir werden die Dinge um Dich herum erforschen und untersuchen.

Im Grunde und in Wahrheit ist diese sogenannte Außenwelt natürlich keine, denn es gibt kein Außen, alles ist Teil von Alles-was-Ist und eingebettet in Gottes Wirklichkeit. Alles ist Teil der großen, endlosen Einheit des All-Einen, dessen gültiger und integraler Bestandteil Du ebenso bist wie all Deine Mitmenschen und Deine ganze lebendige Umwelt. Was auch immer wir erkunden, wir können letzten Endes doch immer nur uns selbst und unseren Schöpfer erforschen und zu verstehen versuchen. So gehen wir denn neue Wege, wenn wir uns der Schöpfung widmen, und doch auch wieder die alten, denn immer sind wir Gott und unserer eigenen Natur auf der Spur.

»Wem Gott will rechte Gunst erweisen, den schickt er in die weite Welt«, sang einst Joseph von Eichendorff. Meine Lieben, dem ist so, denn die Potenziale für Glückszugewinn und Selbsterkenntnis sind unter irdischen Bedingungen geradezu grandios. Trotz aller Herausforderungen, Probleme und Nöte ist dennoch kein Mensch auf Erden, der sich nicht freudig auf seine selbstgewählte Inkarnation eingelassen hätte: Wem Gott will rechte Gunst erweisen, den schickt Er[1] in die weite Welt. *Wer* jedoch Gott will rechte Gunst erweisen, der feiert sein Leben und genießt es in vollen Zügen. Wer Gott will rechte Gunst erweisen, der dankt Ihm für sein Geschenk des Lebens, indem er es freudig mit beiden Händen greift, es in seinen vollen Potenzialen nutzt und Gott dient, indem er sich seiner Gaben bedient.

Um diese Gaben, die Gott für Euch alle in Hülle und Fülle bereitgestellt hat, wird es in diesen unseren nun folgenden Betrachtungen gehen. Es geht um die Natur und die Umwelt, um die Erde, also um Euer natürliches Lebensumfeld und die Bedeutung der Dinge darin. Trotz aller irdischen Herausforderungen, für deren Brisanz wir volles Verständnis haben, will das Leben nicht erduldet, ertragen oder gar erlitten werden. Vielmehr will das Menschenleben gelebt, ja, mehr noch, es will gefeiert und zelebriert werden! Wie wir noch sehen werden und auch schon in unseren vorherigen Botschaften angeschnitten haben, gab Gott alles, was es dazu braucht. Wer könnte sich denn anmaßen, wissen zu können, was Du brauchst, wenn nicht Dein eigener Schöpfer?

Wir werden also gemeinsam sozusagen eine ›Weltreise‹ der besonderen Art antreten, eine spirituelle Reise mit Blick hinter die äußere Fassade der Dinge und ihre Offensichtlichkeiten.

---

[1]Entgegen der Rechtschreibreform wird auf die Großschreibung der direkten Anrede zurückgegriffen. Dies ist ebenso der Fall bei allen Anreden, die sich unmittelbar auf Gott beziehen.

Je mehr Du das Leben und die Welt liebst, umso erfreulicher und spannender wird diese ›Reise‹ für Dich. Wenn Du begeisterungsfähig bist für die Dinge um Dich herum, haben sie Dir viel zu sagen und noch mehr zu geben. So gab und gibt Gott denn alle Dinge, sie zu Deinem Segen zu nutzen und Dich selbst und Deinen Schöpfer in ihnen wiederzuerkennen.

Das Prinzip der Schönheit wird sich, mehr als jedes andere, wie ein roter Faden durch diese Botschaften ziehen. Wie wir an früherer Stelle einmal sagten, ist Schönheit allgegenwärtig. Wo sie nicht wahrgenommen wird, ist der Blick für die Wirklichkeit getrübt. Für den Menschen, der die Welt und all ihre Erscheinungen mit den Augen der Liebe ansieht, hat sie nichts von ihrer gottgegebenen Schönheit eingebüßt. Alles ist eine Frage der Klarheit und des offenen Herzens. Die Natur und all ihre Phänomene sind das Synonym für Schönheit schlechthin. Dies wird niemand ernsthaft abstreiten wollen. Das Streben des Menschen nach Schönheit ist ein zutiefst im Herzen angelegtes Grundbedürfnis.

Alles, was der Mensch als schön empfindet, lässt sein Herz höher schlagen und verleiht seiner Lebensenergie einen frischen Schub. Schönheit als solche hat immer heilerische Kräfte und setzt Potenziale frei, denn sie erneuert, belebt und erquickt den Menschen auf allen Ebenen. Schönheit regt den Intellekt an, erfreut das Gemüt und erfrischt die Physis. Wenn Dein Blick auf etwas trifft, das Dir den Ausruf »Ist das schön!« entlockt, dann bist Du in der göttlichen Wahrnehmung der Dinge. So ist die Fähigkeit zur Wahrnehmung von Schönheit immer auch ein Gradmesser für Weisheit. Je mehr Du Dir der Allgegenwart der Schönheit bewusst bist und sie ganz real und praktisch in Dein Leben einbeziehst, desto weiser bist Du. Wer Schönheit zu genießen weiß, kann enormen praktischen und lebensnahen Nutzen aus ihr ziehen.

Das ›Phänomen Schönheit‹ zu definieren, ist nicht ganz einfach. Nicht etwa, weil der Sinn für Schönheit individuell wie auch kollektiv sehr verschieden sein kann und jeder etwas anderes darunter versteht, das macht keinen Unterschied, weil es um das Empfinden von Schönheit als solches geht. Es ist vielmehr deshalb schwierig, weil Schönheit eine sehr komplexe Angelegenheit ist. Vielleicht lässt sie sich am besten mit den Begriffen ›Harmonie‹ und ›Einklang‹ beschreiben, am treffendsten aber umschreiben wir die Empfindung von Schönheit mit der Wahrnehmung von Vollkommenheit. Schönheit liegt nicht im Auge des Betrachters, sie ist gottgegebenes, unabhängiges und aus sich selbst heraus existentes Seinsattribut der gesamten Schöpfung. Das Auge des Betrachters jedoch ist blind oder sehend für die allem innewohnende natürliche Schönheit.

Es ist die Annahme der Gunst Gottes und damit aller Freuden, die Dir das Leben zu bieten hat, die Gott ehrt und Deine Beziehung zu Ihm auf ein solides, gesundes und höchst kreatives Fundament stellt. Wer das göttliche Geschenk des Lebens anzunehmen und auszukosten versteht, bricht schon durch die Art seiner Lebensführung als solche eine Lanze für Gott und ist seinen Mitmenschen leuchtendes Vorbild. Wer Gott will rechte Gunst erweisen, der akzeptiert und genießt die Gunst, die Gott ihm erweist.

1. Kapitel

Die Völker der Erde

1. Die Sprachen dieser Welt:

Deutsch

Die Sprache der Klarheit

Mein lieber Freund, meine liebe Freundin, an erster Stelle schenken wir unsere Aufmerksamkeit der deutschen Sprache, der Sprache der Klarheit.

Deutsch gehört zu den germanischen Sprachen. Es ist eine von mehreren ›gesprochenen‹ Sprachen, im Gegensatz zu den eher ›gesungenen‹, auf die wir an späterer Stelle zu sprechen kommen. Deutsch ist eine ausgesprochen präzise Sprache. Die Präzision ist ihr ureigenes und tiefstes Wesen und ihre augenfälligste Eigenart. Kaum eine andere Sprache ›übersetzt‹ geistig-emotionale Bewusstseinsinhalte so deutlich und originalgetreu wie Deutsch. Deutsch ordnet die Gedanken.

Klarheit ist die Mutter der Gerechtigkeit und geht ihr immer und ausnahmslos voraus. Aus diesem Grunde lieben Menschen des deutschen Sprachraumes die Führungsposition, die logische Konsequenz der Gerechtigkeit. Hier fühlen sie sich wohl und in ihrem Element. Ein tiefer Sinn für Individualität ist der deutschen Sprache eigen: schnörkellos, deutlich und klar.

Die deutsche Sprache zeichnet sich aus durch einen regelrecht überschwänglichen Reichtum an Wortschatz, der seinesgleichen sucht. Dies ermöglicht die bezeichnende Präzision und Klarheit des Ausdrucks. Da Deutsch zu den ›gesprochenen‹ Sprachen gehört, ist sein Klang eher fest und von einer leichten Härte gekennzeichnet. Der Sprachrhythmus ist bestimmt von einem, verglichen mit anderen Sprachen, mittleren Tempo.

Das Wort ›Deutsch‹ bedeutet so viel wie ›zum Volk gehörig‹ und bezeichnet die tiefe Verbundenheit jedes Volkes mit seiner ureigenen Sprache. Menschen, die diese Sprache lieben, haben oftmals nicht nur einen ausgeprägten Sinn für Gerechtigkeit und Individualität, sondern auch für Autorität, die sie sowohl für sich selbst in Anspruch nehmen als auch sich ihr unterzuordnen verstehen. Sie lieben Ordnung. Sie wissen gerne, woran sie sind, und lieben die Klarheit auch in ihrem Leben.

Warum sagen wir Euch das alles? Damit Ihr Euch selbst kennen- und verstehen lernt. Jeder Mensch ist seiner Muttersprache zutiefst verbunden und das ist kein Zufall. Auf sehr tiefer, subtiler Ebene ist die Muttersprache des Menschen ›geistige Heimat‹. Und so, wie der Mensch mit seiner ureigenen Färbung seine Sprache prägt, so prägt die Sprache den Menschen.

So ist den Menschen des deutschen Sprachraums eine gewisse Strenge sich selbst gegenüber eigen, die den Menschen des ›gesungenen‹ Sprachraumes abgeht. Wo diese Strenge sich in hohem Anspruch an sich selbst zeigt, da ist sie dem Menschen und seiner Entwicklung förderlich und hilfreich. Artet sie in Unnachgiebigkeit und Rücksichtslosigkeit sich selbst gegenüber aus, wird das Kind mit dem Bade ausgeschüttet.

Jede Sprache birgt ganz besondere und spezielle Chancen und Möglichkeiten für diejenigen, die sie sprechen und sich ihrer bedienen. Und ebenso birgt jede Sprache ihre ganz besonderen Herausforderungen, so z. B. da und dort, wo es darum geht, sich selbst und dem anderen mit Verständnis und Milde zu begegnen. Da Deutsch die Sprache der Klarheit ist, ist sie der Farbe Weiß zugeordnet. Das Wort der Worte ist ›Liebe‹.

»Das Leben ist zu kurz,
um Deutsch zu lernen.«
Oscar Wilde

Französisch

Die Sprache der Musik

Meine liebe Freundin, mein lieber Freund, Französisch ist eine romanische Sprache und gilt als Weltsprache. Französisch gehört nicht nur zu den ›gesungenen‹ Sprachen, sondern ist die Sprache der Musik schlechthin.

Der Singsang des Französischen ist ein sehr viel weicherer als derjenige der deutschen Sprache. Die Übergänge von Wort zu Wort sind sehr viel sanfter, fließender und harmonischer. Wo beim deutschen Wort die Klarheit und somit auch die deutliche Abgrenzung zwischen den einzelnen Wörtern im Vordergrund stehen, da ist es im Französischen die Sprachmelodie. Französisch steht für leichtfüßigen Tanz und pure Lebensfreude. Hier steht die Leichtigkeit des Seins im Vordergrund. Dem Französischen zugeordnet ist die Farbe Blau, die Farbe des Himmels.

Menschen dieses Sprachraumes sehen die Dinge nicht so eng. Leben und leben lassen ist ihre Devise und hier gibt es allerhand zu lernen und zu verstehen. Die französische Sprache steht für warmherzige Offenheit, Liebenswürdigkeit und spielerischen Umgang mit dem Leben schlechthin. Der Sprachrhythmus ist schneller als bei der deutschen Sprache, da es hier weniger um Klarheit geht. Die Worte schleifen ineinander und verschmelzen miteinander zu einer wundervollen Sprachmelodie. Die Präzision, die der deutschen Sprache eigen ist, ist nicht die Stärke des Französischen. Wenn die französische Sprache auch heute noch als Weltsprache gilt, so deshalb, weil sie nichts von ihrer Faszination aus früheren Zeiten eingebüßt hat. Dieser Sprache haftet ein gewisses Flair des Geheimnisvollen an, das sich aus dem Mangel an Klarheit ergibt. Dies zeigt sich deutlich in der Schreibweise, die sehr von der Aussprache abweicht, was bei der deutschen Sprache ganz und gar nicht der Fall ist.

Jeder Sprache ist zu Recht ein besonderer Stolz eigen. Genau genommen hat jede Sprache Persönlichkeit basierend auf ihrer ganz spezifischen Färbung und aufgrund ihrer Charakteristika. Dies trifft auch auf die Menschen zu, die die jeweilige Sprache sprechen und sich ihr zutiefst verbunden fühlen. So ist das Identitätsgefühl des Menschen nicht von seiner Muttersprache zu trennen. Mensch und Sprache sind auf tiefster Ebene miteinander verwoben und verbunden. Einen Menschen seiner Muttersprache zu berauben, bedeutet nicht weniger, als ihn seiner Identität zu berauben, seiner tiefen Identifikation mit dem eigenen Sosein.

Will man Menschen verstehen, dann muss man – im wahrsten Sinne des Wortes – ihre Sprache sprechen. Das Erlernen einer Fremdsprache ist sehr viel mehr und tiefgreifender, als es auf den ersten Blick erscheinen mag. Es erfordert ein tiefes Sicheinfühlen in das Sosein des anderen Volkes und die jeweilige ›Gastsprache‹. Wer eine Fremdsprache lernt, der erweitert sich selbst um sehr viel mehr als um fremdartig klingende Worte und Schreibweisen. Die Erweiterung findet auf sehr viel tieferer Ebene statt. Die jedem Volk ureigene, individuelle Mentalität, die herrliche Vielfalt der volkstypischen kollektiven Eigenheiten, erschließt sich nur demjenigen, der die jeweilige Sprache beherrscht. Das französische Wort für Liebe ist ›amour‹.

»Der Geist einer Sprache
offenbart sich am deutlichsten
in ihren unübersetzbaren Worten.«
Marie von Ebner-Eschenbach

Englisch

Die Sprache der Freiheit

Mein lieber Freund, meine liebe Freundin, kommen wir nun zu einer weiteren germanischen Sprache, zu Englisch. Obwohl der Klang dieser Sprache recht melodiös ist, gehört Englisch zu den ›gesprochenen‹ Sprachen. Englisch ist weich, rund und vollmundig. Der Sprachrhythmus ist in etwa dem der deutschen Sprache vergleichbar, also von mittlerem Tempo. Wie Deutsch und Französisch, so wird auch die englische Sprache mit dem lateinischen Alphabet geschrieben. So wie Deutsch die Sprache der Klarheit und Französisch die Sprache der Musik ist, so ist Englisch die Sprache der Freiheit. Ähnlich wie die französische Sprache steht auch die englische für die Leichtigkeit des Seins. Mehr als jede andere steht sie jedoch für Freundschaft, Leichtlebigkeit und vor allem für Ebenbürtigkeit. Die englische Sprache steht für das Motto: »Große Dinge sind immer einfach.« Es ist die Sprache des Dabei-belassens und der Akzeptanz von Individualität und Andersartigkeit.

Menschen, die diese Sprache lieben, sind weltoffen, tolerant und oftmals reisefreudig. Das tiefe Verständnis von Ebenbürtigkeit, das sich in dieser Sprache offenbart, macht Englisch zur Sprache der Freiheit. Nur im Erkennen der Ebenbürtigkeit kann Freiheit gefunden und gelebt werden.

Englisch zeichnet sich aus durch einen reichhaltigen Wortschatz, ist aber eher bescheiden im grammatikalischen Bereich. Hier finden wir einen deutlichen Hinweis auf die Seele dieser Sprache, die da sagt, dass große Dinge immer einfach sind. Bezeichnend für das Englische ist auch, dass es in dieser Sprache keine Höflichkeitsform gibt. Hier zeigt sich die Ebenbürtigkeit aller Menschen in ihrer schönsten Form und in direkter Weise.

Englisch entwickelte sich zur Weltsprache und ist heute weiter verbreitet als jede andere Sprache. Nur Chinesisch wird von mehr Menschen auf der Welt gesprochen. Was könnte diese Welt mehr brauchen als Freiheit? Was könnte diese Welt dringender brauchen als Ebenbürtigkeit, die nur ein anderes Wort ist für Brüderlichkeit? Freiheit und Brüderlichkeit: An späterer Stelle werden wir erneut auf diese beiden Aspekte menschlicher Grundbedürfnisse eingehen, wenn wir uns mit den ›3 Düften der Demokratie‹ beschäftigen.

Es mag Dich wundern, dass wir im Zusammenhang mit Sprache von Seele sprechen. Die Sprache hat Seele, sie hat die Seele der Menschen, die sie sprechen und lieben. Sie hat die Seele der Menschen, die sie auf tiefster Ebene ›verstehen‹ als das, was sie ist. Verstanden sein kann aber immer nur, was geliebt ist. Du kannst unmöglich in das tiefe Verständnis einer Sprache hineinwachsen und eintauchen, die Du nicht liebst.

Sprache will erspürt und gefühlt sein. Und so ist es mit dem Erlernen einer Sprache nicht anders als mit allem und jedem. Nur in der Liebe allein und durch sie kann Verständnis gefunden werden. Du kannst unmöglich verstehen, was Du nicht liebst. Liebe öffnet nicht nur das Herz, Liebe öffnet Augen und Ohren ebenso und gleichermaßen. Liebe macht hellhörig, Liebe macht hellsichtig. Englisch ist der Farbe Rot zugeordnet. Das englische Wort für Liebe ist ›love‹.

»Wer fremde Sprachen nicht kennt,
weiß nichts von seiner eigenen.«
Johann Wolfgang von Goethe

Spanisch

Die Sprache der Schönheit

Meine liebe Freundin, mein lieber Freund, kommen wir nun zu Spanisch, der Sprache der Schönheit. Spanisch ist eine romanische Sprache und gehört zu den ›gesungenen‹ Sprachen. Es gibt wohl kaum eine andere Sprache, deren Klang, ebenso wie das Schriftbild, von Schönheit gekennzeichnet ist. Spanisch ist schön und wo Schönheit ist, da sind Eleganz und Grazie nie weit entfernt.

Diese anmutigste aller Sprachen wird weltweit von sehr vielen Menschen gesprochen, geliebt und gepflegt. Spanisch gehört zu den Weltsprachen. Der Singsang dieser Sprache als solche ist reinste Poesie. Ihr zugeordnet ist die Farbe Rosa, die Farbe der Süße.

Bezeichnend für diese Sprache ist ein rundes, harmonisches Klangbild, gekennzeichnet von sehr vielen Selbstlauten. Dies verleiht der spanischen Sprache eine gewisse Leichtigkeit und Harmonie fürs Ohr. Spanisch vereint Weichheit und Präzision des Ausdrucks in vollkommener Weise und hier liegt das Geheimnis der Schönheit dieser Sprache. Der Sprachrhythmus bewegt sich im mittleren Bereich, wobei er jedoch schneller ist als der des Deutschen.

Spanisch wird mit lateinischen Buchstaben geschrieben, wobei die typischen Eigenheiten den eleganten Charakter dieser Sprache noch unterstreichen. Menschen, die diese Sprache pflegen und lieben, haben einen ausgeprägten Sinn für Schönheit und Harmonie. Eleganz liegt ihnen sozusagen im Blut. Spanisch ist warmherzig und anschmiegsam, ohne aufdringlich zu sein. Die Seele dieser Sprache folgt dem Motto: »Ich liebe alles, was schön ist, und alles, was ich liebe, ist schön.«

Die spanische Sprache ist Ausdruck für Leichtlebigkeit im denkbar besten Sinne, Leichtlebigkeit, die nicht in Leichtsinn ausartet. Das Herz der Sprache ist die Süße des Lebens. An dieser Stelle sollte auch die ihr nah verwandte und ähnelnde italienische Sprache Erwähnung finden, der das gleiche Motto zugrunde liegt, nämlich »Dolce Vita«, zu Deutsch »süßes Leben«.

Wie wir deutlich sehen, gibt es viel voneinander zu lernen. Die herrliche Vielfalt der Sprachen dieser Welt ist Bereicherung für jeden, der sich mit Menschen und Kulturen beschäftigen will. So wie die Sprachen selbst, so ergänzen und vervollständigen sich die unterschiedlichsten Volksgruppen, Rassen und Kulturen gegenseitig. Die Gemeinschaft aller Erdenbürger, die wundervolle Weltengemeinschaft, sie ist ein herrliches Konglomerat unterschiedlichster Eindrücke und Einflüsse, die sich gegenseitig bereichern und befruchten. Und so wie ein jeder dem anderen Lehrer ist und sein kann, so ist doch auch ein jeder gleichermaßen des anderen Schüler.

Wo, wenn nicht in der Liebe, könnte dies erkannt werden? Was, wenn nicht Liebe, öffnet der Welt Augen und Ohren für die Schönheit und Brillanz des Andersartigen? Die gewaltigen Chancen zu persönlicher Entwicklung eröffnen sich dem, der sich ohne Vorbehalte in Liebe für das jeweils andere öffnet und frei macht von Furcht und Vorurteil. Das spanische Wort für Liebe ist ›amor‹.

Russisch

Die Sprache der Ehre

Mein lieber Freund, meine liebe Freundin, die Sprache der Ehre, das ist Russisch. Diese slawische Sprache ist bezeichnend für ein Volk, dessen Stolz unübersehbar ist. So wie Ehre und Stolz untrennbar miteinander verwoben sind, so sind es auch die Menschen, die diese Sprache ehren und lieben.

Russisch ist eine der meistverbreiteten Sprachen Europas und gehört zu den Weltsprachen. Große und bedeutende Werke der Weltliteratur sind in dieser Sprache geschrieben. Die russische Sprache hat einen ganz eigenen und spezifischen rauen Charme, der allen slawischen Sprachen eigen ist. Russisch strahlt starke Persönlichkeit und Präsenz aus.

Diese Sprache ist der Farbe Grün zugeordnet. Russisch wird mit dem kyrillischen Alphabet geschrieben und schmeichelt dem Auge ebenso wie dem Ohr.

Eine Sprache, jede Sprache, lebt vom Bewusstsein derer, die sie lieben und sich ihrer bedienen. Sprache lebt, passt sich neuen Gegebenheiten an und entwickelt sich stetig weiter. Wie das Bewusstsein selbst, so steht auch sein Ausdruck, die Sprache, niemals still. Sprache ist lebendig und spiegelt das Kollektivbewusstsein der jeweiligen Volksgruppe wider. Ja, mehr noch, sie ist ein getreulicher Spiegel des Gelebten und Erlebten eines Volkes. Um mit den wunderschönen Worten von Ralph Waldo Emerson zu sprechen: »Sprachen sind die Archive der Geschichte.« Und so trägt die Sprache eines Volkes all seine Triumphe in sich wie auch all seine Niederlagen. Alles Glück, alles Wahre, Schöne und Gute schlägt sich ebenso in ihr nieder wie alles Leid und jede nur denkbare erfahrene Not. Dies verleiht jeder Sprache die ihr ureigenen Färbung, ihren ganz persönlichen Charakter und ihre ausgeprägte Persönlichkeit. Es ist unmöglich, ein Volk kennenzulernen, ohne sich mit seiner Sprache zu beschäftigen und auseinanderzusetzen.

Wenn Du ein Volk kennenlernen willst, dann musst Du es verstehen. Willst Du es verstehen, dann musst Du seine Geschichte kennen. Tiefes Verständnis ist aber nur da und dort möglich, wo – wie könnte es anders sein – mit dem Falkenblick der Liebe hinter die Fassade und den äußeren Schein der Dinge geschaut wird. Liebe ebnet dem tiefen Verständnis der Dinge allzeit den Weg und öffnet Einsichten und Einblicken Tür und Tor, die vor den Augen anderer im Verborgenen bleiben.

Die Leiden eines ganzen Volkes und seine damit verbundenen Irrtümer, Fehlschläge und Niederlagen sind in besonderer Weise prägend, gerade auch im Hinblick auf seine Sprache. Seine Errungenschaften, seine Erfolge, Höhepunkte und Triumphe schlagen sich ebenso im sprachlichen Ausdruck nieder. So finden auch die Poesie, die Literatur und die schönen Künste sowie alle Errungenschaften in Wissenschaft und Technik ihren ganz spezifischen Niederschlag in der jeweiligen Sprache. An dieser Stelle wollen wir es nicht versäumen zu erwähnen, dass ausnahmslos alle Errungenschaften und Erfolge eines Volkes auf Liebe zurückzuführen sind.

Was, wenn nicht Liebe, könnte ein Volk jemals vorwärtsstreben lassen? Was, wenn nicht Liebe, könnte die Triebfeder und der Urgrund jeglichen Erfolges sein, dessen der

Mensch sich rühmen kann? So wie all seine Leiden und Kümmernisse auf Angst und somit auf Irrtum beruhen und von ihr gespeist werden, so kann jeder wahre Triumph ewig nur ein Triumph der Liebe sein. Dies stimmt kollektiv ebenso wie individuell. Das russische Wort für Liebe ist ›любовь‹ (lyubov').

»Die Sprache gehört zum
Charakter des Menschen.«
Sir Francis Bacon

Arabisch

Die Sprache der Treue

Meine liebe Freundin, mein lieber Freund, die vorletzte Haltestelle auf unserer wundervollen Rundreise durch die Welt der Sprachen soll die Sprache Arabisch sein. Arabisch ist die Sprache der Treue. Ihr zugeordnet ist die Farbe Braun, die Farbe von Erdung und Bodenständigkeit.

Arabisch gehört zu den semitischen Sprachen und steht, wie gesagt, für die Treue schlechthin. Somit steht sie ebenso für Fleiß, Verlässlichkeit und Loyalität, die der Treue allzeit auf dem Fuße folgen. Menschen, die sich dieser Sprache bedienen und sie lieben stehen treu zu ihren Werten und leben sie. Sie scheuen keine Mühen, wenn es um das geht, woran sie zutiefst glauben.

Arabisch gehört zu den ›gesprochenen‹ Sprachen. Sein Klangbild ist in gewisser Weise exotisch und wunderbar geheimnisvoll. Das Schriftbild ist von einer Schönheit, die seinesgleichen sucht und erinnert mehr an ein wundervolles Gemälde, als an eine Schreibschrift. In ihm spiegelt sich die ganze Schönheit und Harmonie der Treue selbst. Arabisch ist die Sprache des Korans, dem sich die Menschen dieser Sprachenfamilie zutiefst verbunden fühlen. Die arabische Sprache gehört zu den Weltsprachen, über 200 Millionen Menschen pflegen Arabisch als ihre Muttersprache.

Sicherlich ist Dir längst klar, worum es uns in diesen fünften Botschaften an Euch geht: Es geht um die große, wundervolle Familie der Weltenbürger in ihrer Gesamtheit. Es geht um die Verständigung und die Brüderlichkeit zwischen den Völkern. Es geht uns darum, dass Du Dich als Mitglied einer großen Familie erkennst, fühlst und verstehst. Es geht uns, wie immer so auch hier, einzig um die Liebe. Was, wenn nicht Liebe, könnte jemals das Papier wert sein, auf dem es gedruckt steht? Was, wenn nicht Liebe, könnte die Lösung aller Probleme und Herausforderungen sein, mit denen sich Eure Welt konfrontiert sieht?

Wie wir an anderer Stelle bereits sagten, gibt es in Gott keine zu vernachlässigenden Minderheiten! Von dieser Regel gibt es keine Ausnahme. Gott hat nur Lieblingskinder und so werden die Probleme der Welt nur kollektiv und global gelöst, wenn es denn für alle Beteiligten eine Lösung sein soll. Die Probleme der Welt werden global gelöst oder aber gar nicht, denn nur, was für alle eine Lösung ist, ist Erlösung. Da Liebe weder Ausnahmen noch blinde Flecken kennt, kann es niemals anders sein. Von ihrem Wesen und ihrer ureigenen Natur her allmächtig, allwissend, allumfassend, ist nur Liebe in der Lage, Lösungen bereitzustellen. Du willst Lösungen für die Probleme dieser Welt, dann musst Du der Spur der Liebe folgen. Nur hier, in der Liebe, liegt alle Weisheit, die es jemals brauchen kann, den Sorgen und Nöten dieser Welt zu begegnen und ihnen die Stirn zu bieten.

Liebe sucht keine Lösungen, das braucht sie nicht: Liebe ist die Lösung! Liebe ist die ureigene Essenz des Göttlichen. Sie ist vollkommene Weisheit, die einzige, die es jetzt und ewig geben kann, und die einzige, die es jemals brauchen kann. Die Probleme dieser Welt, sie lösen sich im Angesicht der Liebe allesamt in Luft auf, als wären sie niemals gewesen, und verschwinden in das Nichts der Illusion, aus dem sie gekommen sind. Liebe kann nicht nur Berge versetzen, Liebe hat sie erschaffen.

Im Dunstkreis der Liebe sind Wunder möglich und hier geschehen sie mit göttlicher Selbstverständlichkeit. Wo Liebe herrscht, da kann es nichts geben, das unmöglich wäre. Das arabische Wort für Liebe ist › حب ‹ (hubb).

»Wie ist jede – aber auch jede – Sprache schön,
wenn in ihr nicht nur geschwätzt,
sondern gesagt wird.«
Christian Morgenstern

Niederländisch

Die Sprache der Toleranz

Mein lieber Freund, meine liebe Freundin, so, wie wir unsere Forschungsreise durch die vielfältige Welt der Sprachen mit der Sprache der Klarheit begonnen haben, so beenden wir sie ganz bewusst mit der Sprache der Toleranz.

Niederländisch gehört zu den germanischen Sprachen. Das Sprachtempo ist von mittlerer Schnelligkeit. Dem Niederländischen zugeordnet ist die Farbe Türkis. Menschen, die diese Sprache pflegen und lieben, sind in ganz besonderer Weise weltoffen, lernbegierig und geprägt von einer tiefen Toleranz dem anderen gegenüber. Aus dem Niederländischen ging das in Südafrika und Namibia gesprochene Afrikaans hervor. Hier findet sich ein weiterer Fingerzeig auf die Seele dieser Sprache, die man dem Heraklit zugeschriebenen Grundsatz »panta rhei«, was so viel bedeutet wie »alles fließt«, charakterisieren kann. Menschen dieses Sprachraums sind offen für den immerwährenden Wandel und haben ein deutliches und feines Gespür für die dem Wandel innewohnende Beständigkeit. Es ist diese Offenheit für Veränderung und für alles Neue, die diese Volksgruppe so auffallend reisefreudig macht.

Toleranz ist der Schlüssel zur Völkerverständigung. Toleranz für die jeweilige Individualität und Andersartigkeit jedes Volkes. Toleranz führt deshalb unfehlbar zu Verständnis und schließlich zur Liebe, weil sie dem anderen vorbehaltlos, vorurteilsfrei und vor allen Dingen angstfrei gegenübertritt. Wer sich dem Neuen, dem Fremdartigen und Unverstandenen mit Furchtlosigkeit nähert, dem eröffnen sich im wahrsten Sinne des Wortes neue Welten. Hier sind der Erkenntnis der Liebenswürdigkeit jeder Kultur und jedes Volkes Tür und Tor geöffnet.

Toleranz ist immer nur da und dort vonnöten, wo es um Unbekanntes und Unverstandenes geht. Wo sich Toleranz schließlich in Liebe auflöst und erlöst, da hat sie wahrlich ihren heiligen Zweck erfüllt. Wo Liebe ist, da ist jede Furcht hinweggefegt, denn nunmehr ist das Neue nicht mehr beängstigend und das Fremde nicht mehr fremd. Ohne echtes, tiefes Verständnis kann Liebe niemals sein und so ist das, was geliebt wird, immer und ausnahmslos vollkommen verstanden und erkannt. Liebe ist Verständnis, Liebe ist Erkenntnis, denn nur, was Du mit Liebe anschaust, das kannst Du wirklich sehen und wahrnehmen. Wer aber ohne Liebe anschaut, dem zeigen sich lediglich Verzerrungen der Wirklichkeit. Zerrbilder ohne jeglichen Wirklichkeitsgehalt sind immer furchterregend, da immer dort die Angst regiert, wo es an Liebe mangelt.

Wenn Du also ohne Liebe auf Deine Welt blickst, dann wisse, dass Du Dich irrst, und sieh erneut hin. Das niederländische Wort für Liebe ist ›liefde‹.

»Einen Menschen erkennt
man an der Sprache.«
Jüdisches Sprichwort

2. Die Seele der Hautfarben:

Die Seele der ›weißen‹ Epidermis

Das Prinzip des Vertrauens

Meine liebe Freundin, mein lieber Freund, wenden wir uns also nun der zauberhaften Vielfalt menschlicher Völkerfamilien und Hautfarben zu und betrachten wir genauer, was es damit auf sich hat.

Wenn es bei unserem Kapitel über die Sprachen darum ging, genau ›hinzuhören‹, so geht es hier darum, die Augen zu öffnen und genau ›hinzusehen‹. Wenn wir also nun über die unterschiedlichen Familien und Hautfarben des Menschengeschlechts im Allgemeinen reden, dann dürfte uns allen klar sein, dass wir hier nicht unbedingt über spezifische Persönlichkeitsmerkmale des einzelnen Individuums reden. Das haben wir in unseren vorherigen Botschaften ausführlich getan, an dieser Stelle soll es uns um allgemeine Wesensmerkmale, also um Archetypen, gehen.

Ebenso sollte es sich von selbst verstehen, dass die Reihenfolge unserer Betrachtungen keinerlei Hierarchie darstellt und dass alle Hautfarben vollkommen gleichwertig nebeneinanderstehen. Es liegt nun einmal in der Natur der Sache und ist dem Wesen der Dualität geschuldet, dass wir sie nur in chronologischer Weise betrachten und behandeln können.

Da der Mensch auf dieser Wahrnehmungsebene dem Konzept von Raum und Zeit unterworfen ist, ist eine chronologische Abfolge unumgänglich und zwingend notwendig, wenn wir verstanden werden wollen.

Die menschliche Hautfarbe ist abhängig von ihrer Pigmentierung. Mehr ist es nicht, mehr wird es niemals sein. Wenn wir diesem Thema Aufmerksamkeit widmen, dann nur deshalb, weil die Menschheit und die Welt so viel Aufhebens darum machen. Unser Interesse daran liegt einzig in dem Euren begründet.

Die wunderbare Vielfalt menschlicher Rassen und Hautfarben ist göttliches Spiel in einer seiner schönsten Ausprägungen. Die Welt ist bunt – Gott sei Dank! Und so, wie die Farben selbst wunderbares göttliches Geschenk an Seine Schöpfung sind, so sind es auch die menschlichen Hautfarben und all ihre möglichen wunderschönen Mischformen.

Kommen wir nun also in unseren Betrachtungen als Erstes zum Menschen mit sogenannter weißer Epidermis. Der Mensch weißer Hautfarbe ›geht‹ durch sein Leben. Anders als der Mensch dunkler Hautfarbe, der durch sein Leben ›tanzt‹, aber dazu später mehr.

Der weiße Mensch geht durch das Leben. Dies liegt in seinem Temperament, in seinem ureigenen Naturell begründet. Diese Herangehensweise an das Leben selbst ließe sich am besten umschreiben mit dem Wort Vertrauen. Nur der Mensch, der vertraut, kann in Ruhe und tiefer Gelassenheit durch das Leben schreiten. Urvertrauen in die sichere Einbettung in die ewige Allgegenwart seines Schöpfers und dessen bedingungsloser Liebe sind unabdingbar für ein Leben in Harmonie und Frieden. Die sichere Einbettung in der Liebe Gottes ist ewiger Garant für tiefen Frieden, sowohl mit sich selbst, als auch mit seiner gesamten

Außenwelt. Der kluge Mensch lernt von sich selbst für und über sich selbst. Der Weise lernt von anderen und deren Andersartigkeit. Und so kommen wir denn nun in unserer Erforschung des Menschengeschlechts zum Menschen ›dunkler‹ Epidermis.

»Was den Menschen gemeinsam ist,
sei das Wesentliche,
was sie voneinander unterscheidet,
sei geringfügig.«
Antoine Comte de Rivarol

Die Seele der ›dunklen‹ Epidermis

Das Prinzip des Loslassens

Mein lieber Freund, meine liebe Freundin, so wie der weiße Mensch durch sein Leben geht und schreitet, so durchtanzt es der dunkelhäutige Mensch. Er tanzt durch das Leben. Uns dürfte an dieser Stelle unverzüglich klar sein, dass es hier viel für uns zu lernen gibt. So kann jeder von jedem lernen und dadurch in seiner persönlichen Entwicklung voranschreiten. Wo beim weißen Menschen das Vertrauen im Vordergrund steht, da ist es beim dunkelhäutigen das Loslassen. Ausgelassene Lebensfreude und ungestümes Temperament sind nur da und dort möglich, wo der Mensch in blindem Urvertrauen auf Gottes bedingungslose Liebe bauen kann. Hier begegnen wir also erneut dem Urvertrauen und wir werden ihm auch weiterhin begegnen.

Das Urvertrauen wird allzeit unsere Wege kreuzen, denn ein Leben in Glück und Erfüllung ohne Vertrauen in die göttliche Liebesnatur ist allzeit unmöglich. Nur im blinden Vertrauen auf die allgegenwärtige Liebe Deines Schöpfers kannst Du Deinen Platz in der Welt einnehmen, ausfüllen und mit Leben erfüllen. In Gottes Reich sind viele Wohnungen und Gottes Reich ist überall! Keinen Platz kann es jemals geben, an dem Er nicht ist, Gottes Sein ist jenseits von Raum und Zeit.

Dein Platz in dieser Welt, er steht Dir zu, da kein Geringerer als Gott selbst, Dein himmlischer Vater, ihn Dir geschenkt und zugewiesen hat. Seine Liebe ist Dir ewige Gewähr und unverbrüchliche Garantie dafür, dass es diesen Platz für Dich jetzt und ewig gibt und geben wird. Wo auch immer Du hingehen magst, wo auch immer Du bist oder sein willst, Dein Platz ist schon für Dich bereitet. So hat es Gott seiner ganzen Schöpfung versprochen und Gott nimmt ein einmal gegebenes Wort niemals zurück. Was die Liebe selbst verspricht, hat ewige Gültigkeit.

Wer es wagt, in tiefem Gottvertrauen loszulassen, für den wird das Leben selbst zu einem nie endenden Tanz überschwänglicher Lebensfreude. Hier sind Ausgelassenheit und Temperament Tür und Tor geöffnet. Wir sehen uns also hier dem Prinzip des Loslassens in der Liebe Gottes gegenüber. Darf es uns da noch wundern, dass dunkelhäutige Menschen ganz allgemein als hervorragende und leidenschaftliche Tänzer gelten? Hier geht es darum, freudvoll und spielerisch mit seinem Leben zu experimentieren. Wer sich in Gottes Liebe sicher und geborgen fühlt, der weiß, dass er niemals tiefer fallen kann als nur in die sanften Arme seines himmlischen Vaters.

»Des Menschen Heimat ist Gott,
und dem Geheimnis von Gottes Liebe
verdankt er seine Entstehung.
Der Mensch ist ein Bild Gottes
und ein Partner aller Kreaturen der Welt.
So war es Gottes Plan von Anfang an.«
Hildegard von Bingen

Die Seele der ›gelben‹ Epidermis

Das Prinzip der Demut

Meine liebe Freundin, mein lieber Freund, kommen wir nun in unseren Betrachtungen der menschlichen Völkerfamilien zu den Menschen mit sogenannter gelber Hautfarbe. Es dürfte jedem bewusst sein, dass wir hier nur in Bildern sprechen können, wenn wir Dinge und Umstände verständlich und erspürbar machen wollen, die im Grunde und in Wahrheit außerhalb verstandesmäßiger Begrifflichkeiten liegen. Und so müssen wir denn sehr weit ausholen und uns Bildern bedienen, wenn wir den Menschen und das jeweilige Volk nicht in eine Schublade stecken wollen, die ihm nicht gerecht wird und niemals gerecht werden kann, weil sie zu eng ist.

In diesem Kapitel ist also die Rede von sehr großen Gemeinsamkeiten und Charakteristika, die sehr wohl dem jeweiligen Volk als solchem, nicht aber unbedingt dem Menschen als Individuum gerecht werden. Jeder einzelne Mensch ist ein Unikat, wie es ihn nur einmal so und nie wieder gibt. Jeder Mensch ist vollkommen einzigartig, ein Fingerabdruck Gottes. Wenn wir uns nun erstaunt und in tiefer Ehrfurcht vor der unermesslichen Vielfalt der Ausdrucksformen des Göttlichen verneigen, dann haben wir die Seele der ›gelben‹ Epidermis erspürt. Dort, wo beim weißen Menschen das Vertrauen das Wort der Wahl ist und beim schwarzen das Prinzip des Loslassens, so steht hier die Demut im Vordergrund.

Der weiße Mensch geht aufrecht und erhobenen Hauptes durch das Leben. Der schwarzhäutige Mensch durchtanzt es, er feiert sein Leben im Tanz. Der gelbhäutige Mensch verneigt sich in Ehrfurcht, Demut und Dankbarkeit. Wir sehen also hier das Prinzip der Versenkung in die Liebe Gottes. Das demütige Eintauchen in das göttliche Sein und die tiefe Verbundenheit damit stehen im Vordergrund der Selbstdefinition.

Demut geht immer einher mit der Erkenntnis der unermesslichen Größe des Allmächtigen. Liebe ist die heilige Selbstwahrnehmung Gottes und in der Demut vor der Unermesslichkeit seiner Größe verneigen sich das Universum und die ganze Schöpfung. In der stillen Anbetung findet die Demut ihren Ausdruck und Niederschlag. Der

Mensch, der sich selbst im Angesicht der göttlichen Unermesslichkeit klein fühlt, ist wahrhaft weise. Die Erkenntnis der eigenen Kleinheit führt immer und unfehlbar zur Anerkennung und damit zur Erkenntnis der eigenen Größe, die dem Menschen durch die Liebe des himmlischen Vaters auf ewig garantiert ist.

Die Größe des Menschen ist sein göttliches Erbe, von seinem himmlischen Vater an seine Schöpfung weitergegeben und geschenkt. Einem Menschen, der sich in Demut vor Gott verneigt und niederkniet, wohnt eine ganz besondere Schönheit und Anmut inne. Von hier aus ist es nur ein winziger Schritt hin zur Dankbarkeit, die der Demut immer und unfehlbar auf dem Fuße folgt. Mensch, Du hast wahrlich allen Grund zur Dankbarkeit. In Deiner Dankbarkeit spiegelt sich die Erkenntnis Deines göttlichen Erbes und somit Deiner wirklichen Natur, die Dir auf ewig gewiss ist.

»Kein Mensch ist bloß
ein verlorenes Teilchen im Weltall.
Jeder einzelne Mensch ist von Gott,
unserem Vater,
geliebt und ihm mit Namen bekannt.«
Leonardo da Vinci

Die Seele der ›roten‹ Epidermis

Das Prinzip der Einheit

Mein lieber Freund, meine liebe Freundin, in unserer letzten Betrachtung dieses Kapitels kommen wir zur Hautfarbe Rot, die wir an dieser Stelle nicht außer Acht lassen möchten, geht es doch hier um nichts Geringeres als um Gottesschau. Wo wir vorhin die Versenkung in die Liebe Gottes gesehen haben, da steht bei der rothäutigen Menschenfamilie die Einheit mit Gott im Vordergrund des Identitätsgefühls.

Nicht zufällig hat die Welt der rothäutigen Menschenfamilie größte Weisheiten zu verdanken. Die Völker dieser Abstammung fühlen sich gleichermaßen verwurzelt und beflügelt in der inneren Gewissheit um die Einheit mit Gott. Dieser Einheit mit Gott entspringt eine wunderbare und herrliche tiefe Bindung an die ganze Schöpfung. Dieses Sich-verbunden-Fühlen mit allem, was ist, ist die Quelle tiefster Weisheit und stetiger Gottnähe.

Wer Gott nicht in der Welt, in allem und jedem erahnen, erspüren und erblicken kann, der kann ihn auch im Himmel nicht erschauen. Gott ist Alles-was-Ist und so ist Er in allem, was ist. Nichts kann es jemals geben, das jenseits von Gott wäre, nichts kann jemals ohne ihn sein. Gottes Geist ist in dieser Welt ebenso gültig und zugegen wie im Himmel. Gott ist die Allgegenwart selbst. Nichts kann jemals außerhalb der Liebe sein, denn für die Liebe gibt es kein ›Außerhalb‹.

Wahre Gottesschau ist kein entrückter Seinszustand jenseits und fernab jeglicher Erfahrungsrealität, zumindest nicht zwingend. Wahre Gottesschau bietet sich Dir an in jedem Menschen, jeder Blume, jeder Kreatur. Mutter Erde, Deine Gastheimat, stellt in jedem Augenblick und an jedem Ort alle Möglichkeiten zur Gottesschau bereit, ist sie doch selbst Teil von Alles-was-Ist.

Wer Gott von seiner Schöpfung getrennt betrachtet und erforscht, der will das Untrennbare trennen und das Ungeteilte teilen. Es kommt dem Versuch gleich, an einer toten Kreatur das Leben erforschen zu wollen. Die allzeit sichere Einbettung in die göttliche Schöpfung verleiht dem Menschen sowohl Bewurzelung als auch Flügel. Das großartige Spiel des Lebens spielt virtuos, wer sich sowohl seiner Wurzeln als auch seiner Flügel sicher sein kann.

Wo, wenn nicht in der bedingungslosen ewigen Liebe Deines himmlischen Vaters, kann diese Sicherheit je zu finden sein? Was, wenn nicht die Liebe Gottes, verdient Dein blindes Vertrauen? Der Baum streckt seine Krone, wohin er will, weil er weiß, was seine Wurzeln sind.

»Gotteskinder,
göttliche Keime sind wir.
Einst werden wir sein,
was unser Vater ist.«
Novalis

2. Kapitel

Fauna und Flora

1. Unsere Haustiere:

Hund

Das Prinzip der Treue

Meine liebe Freundin, mein lieber Freund, der Hund (Canis lupus familiaris) ist der älteste Weggefährte des Menschen. Vor sehr langer Zeit schon hat er sich ihm angeschlossen.

Hunde sind Rudeltiere und pflegen ein sehr komplexes Sozialverhalten. Kein anderes Haustier steht dem Menschen so nahe. Die Treue des Hundes zu seinem Menschen ist sprichwörtlich und sucht ihresgleichen. Sie ist einmalig in der ganzen Tierwelt. Hier, in dieser bedingungslosen Treue, findet sich das größte Geschenk an all jene, die Hunde lieben. Ob in seiner Schutz-, Wach-, Hüte- oder Begleitfunktion, immer ist er dem Menschen ein zuverlässiger Weggefährte und immer steht die unverbrüchliche Treue im Vordergrund. So gilt der Hund bei den Liebhabern dieser Tiere völlig zu Recht als des Menschen bester Freund.

Wie die Seele aller Tiere, die sich dem Menschen im Laufe der Menschheitsgeschichte angeschlossen haben, so ist auch die Hundeseele eine sehr sanftmütige und von Liebe geprägte. Wird der Hund geliebt und artgerecht gehalten, so ist er zu den erstaunlichsten Höchstleistungen und Lernprozessen fähig. Wer die ureigene Natur seines Tieres versteht und respektiert, der erweckt ungeahnte Potenziale und im Wesen dieses Tieres schlummernde Fähigkeiten. Wo der Hund geliebt wird, da dient er seinem Menschen mit großer Freude, tiefer Dankbarkeit und absoluter Loyalität. Wer sein Tier wahrhaft versteht, der deutet seine Signale richtig und handelt nicht an dessen Bedürfnissen vorbei.

Was, wenn nicht Liebe, kann zu wahrem und echtem Verständnis zwischen Mensch und Tier führen? Was, wenn nicht Liebe, macht Kommunikation möglich? Was, wenn nicht Liebe, führt zu echter, tiefer Freundschaft zwischen den Kreaturen? Nirgendwo zeigt sie sich deutlicher als in der Beziehung zwischen dem Menschen und seinem Hund. Was, wenn nicht Liebe, könnte jemals in der Lage sein, die Grenzen zwischen den Arten und Kreaturen zu verwischen?

Hunde wollen, brauchen und suchen Grenzen! Dies ist dem Hund ein Grundbedürfnis und typisch für seine Art. Als Rudeltier ist dem Hund der feste Platz in der Rangordnung und somit im Familienverbund wichtig. Er braucht die Sicherheit des ihm zugewiesenen Platzes. Hier kann er sich in seinem vollen Potenzial entfalten und eine erstaunliche Lernbereitschaft an den Tag legen. Kein anderes Haustier sucht so sehr die Nähe, Liebe und Fürsorge seines Menschen. Der kluge Mensch hat längst verstanden, dass er von seinem Tier vieles sowohl über das Tier selbst als auch über die eigene Person lernen kann.

Der Hund lehrt den Menschen die Treue und lässt ihn eine Ahnung ihrer unermesslichen Bedeutung erhaschen. Die tiefe Sehnsucht des Menschen nach Treue ist ein von Gott in ihn gepflanztes Bedürfnis. Würde Gott dem Menschen ein Bedürfnis ins Herz legen, das Er nicht erfüllt? Und so ist des Menschen tiefe Sehnsucht nach Treue der sichere Beweis für die ewige und unverbrüchliche Treue seines himmlischen Vaters. Ewige, unverbrüchliche Treue, sie kann nur ein anderes Wort sein für ewige, bedingungslose Liebe.

Katze

Das Prinzip der Selbstgenügsamkeit

Mein lieber Freund, meine liebe Freundin, die Katze (Felis catus) galt im alten Ägypten als heiliges Tier. Katzen sind immer umgeben von einer gewissen Aura des Geheimnisvollen.

Anders als der Hund ist die Katze ein Einzelgänger. Die Katze ist die unbestreitbare Diva unter den Haustieren. So wie beim Hund die Treue im Vordergrund der Persönlichkeitsmerkmale steht, so ist es bei der Katze die unübersehbare und deutlich ausgeprägte Selbstgenügsamkeit. Das wohl erstaunlichste Merkmal der Beziehung zwischen Mensch und Katze ist die bloße Tatsache, dass die Katze sich dem Menschen angeschlossen hat, was ihrer Aura des Mysteriösen noch zusätzlich Nahrung verleiht.

Katzen haben eine stark ausgeprägte Persönlichkeit und sind unerziehbar. Sie haben sich dem Menschen zugewandt, ohne sich ihm unterzuordnen. Und genau hier, in diesem Charakteristikum liegt die Faszination der Katzen für die Menschen, die diese Tiere lieben. Fast alle Katzen haben ›Starallüren‹. *(Anm. der Verfasserin: Scherzhaft gesagt.)* Sie haben sich mit dem Menschen zusammengetan, weil es ihnen dienlich ist. Das ist Selbstliebe vom Feinsten und hier gibt es für den Menschen allerhand von seiner Katze zu lernen.

Eine Katze ist einfach nur ganz sie selbst. Sie lebt ihre Natur und genügt sich selbst vollkommen. Sie gefällt, ohne gefallen zu wollen, ja, möglicherweise sogar genau deshalb.

Der Mensch, der die Katze liebt, den lehrt sie blindes Gottvertrauen. Dies zu lesen, mag nur auf den ersten Blick verwundern. Für die Katze steht die Treue sich selbst gegenüber im Vordergrund. Ihren natürlichen, gottgegebenen Instinkten entsprechend liebt sie den Reiz der Jagd ebenso wie ausgedehnte Ruhephasen. Ihr Sinn für Körperpflege ist sprichwörtlich. So ist die Katze, wie gesagt, immer nur einfach ganz sie selbst.

Sie stellt ihre Daseinsberechtigung nicht infrage und macht sie nicht von einer übergeordneten Sinnhaftigkeit abhängig. Sie lebt um des Lebens willen. Leben ist Selbstzweck, ist es doch nur ein anderes Wort für Liebe. Das tiefste Gottvertrauen hat der, der keines braucht. Auch wenn dies bei allen Tieren, bei jeder Kreatur, der Fall sein mag, so ist es doch bei keinem dermaßen offensichtlich wie bei der Katze.

Wir wiederholen es gerne: Das tiefste Gottvertrauen hat der, der keines braucht. In der zweifelsfreien, völligen Gewissheit um die Sinnhaftigkeit in allem und um die bedingungslose Liebe Gottes kann der Mensch sich seinem Selbst und seinem Leben hingeben. Die vorbehaltlose Hingabe an das eigene Sosein und das Leben selbst legt Zeugnis ab für die sichere und tiefe Einbettung in das große Ganze des Göttlichen und seinen eigenen festen Platz in dieser Ordnung.

»Die Selbstachtung einer Katze
ist außerordentlich.«
Christian Morgenstern

Pferd

Das Prinzip der Schönheit

Meine liebe Freundin, mein lieber Freund, das Pferd (Equuus caballus) ist ein sensibles, ja, in besonderer Weise feinfühliges Herdentier. Als ausgesprochenes Fluchttier liebt es die weitläufige offene Steppe und frei einsehbare Weidelandschaften. Obwohl durchaus temperamentvoll, ist es doch vom Wesen her sanftmütig, so wie alle Tiere, die sich domestizieren ließen und sich dem Menschen angeschlossen haben.

Kein anderes Tier steht so sehr für Kraft gepaart mit Schönheit, Anmut und Grazie wie das Pferd. Diesem Umstand verdankt es seine außerordentliche Beliebtheit. Freiheitsliebe und natürliche Freude an der Bewegung stecken dem Pferd im Blut. Da und dort, wo es ihnen ermöglicht wird, also bei artgerechter Haltung, pflegen Pferde ein komplexes Sozialleben, das dem des Hundes in nichts nachsteht.

Wo das Pferd in früheren Zeiten eher reines Nutztier war, liegt heutzutage seine große Bedeutung für den Menschen in der puren Freude am Tier selbst, sowohl als Freizeitgefährte als auch als Reittier. Ein Pferd, das wahrhaft geliebt wird, ist der tiefen Verbundenheit mit seinem Menschen fähig. Da die Pferdeseele eine sehr empfindsame ist, ist die ›Sprache‹ dieses Tieres eine sehr subtile. Wer es versteht, sich auf das Tier einzustellen und seine Sprache zu sprechen, dem antwortet das Pferd mit treuer Freundschaft.

Was hat das Pferd uns zu sagen? Was kann der Mensch vom Pferde lernen? Hier dürften die soziale Kompetenz und das einfühlsame Miteinander im Vordergrund stehen. Die sprichwörtliche Schönheit dieser Tiere öffnet uns die Augen für die Herrlichkeit der Schöpfung im Allgemeinen und für die eigene innere Schönheit im Besonderen.

Wie wir an anderer Stelle ausführlich erörtert haben, ist Schönheit göttliches Seinsattribut, das weder von außen noch von innen kommt. Schönheit ist einfach. Sie ist allgegenwärtig und ihr Gewahrsein liegt allzeit im Auge dessen, der hinsieht.

Der Blick der Liebe öffnet die Augen immer und unfehlbar für die allem innewohnende Schönheit. Nur dem Liebenden kann sich die Schönheit in all ihrer Pracht und Herrlichkeit offenbaren. Der Falkenblick der Liebe lässt uns Schönheit erblicken, die so überwältigend ist, dass sie uns den Atem raubt und sprachlos macht. Hier bleiben nur noch tiefe Bewunderung und stille Anbetung. Und so hat der Mensch allen Grund, zutiefst dankbar zu sein für all die Segnungen, die Gottes wunderbare Schöpfung für uns bereithält. Wer allzeit mit offenen Augen und Ohren, vor allem aber mit offenem Herzen durch die Welt geht, der sieht und findet immer nur Geschenke.

Nach allem, was wir bisher über den Menschen und das Tier erfahren haben, darf es uns nicht wundern, dass kein Volk die Seele des Pferdes auf so tiefer Ebene verstanden hat wie das der Indianer. Der zuvor erwähnte Freiheitsdrang und die natürliche Freude an der Bewegung ihrer Tiere waren ihnen vollkommen bewusst. Als sichtbares Zeichen der Dankbarkeit für treue Dienste bemalten die Indianer ihre Pferde in früheren Zeiten mit bunten Erdfarben. Dies spricht sowohl für die Weisheit der Pferde als auch für die der Indianer.

»Ein Pferd hat viel Macht
und viel Recht:
Es wirft zur Erde
den Prinzen und den Knecht.«
Deutsches Sprichwort

Rind

Das Prinzip der Friedfertigkeit

Mein lieber Freund, meine liebe Freundin, in unseren Breiten ist das Hausrind (Bos taurus) praktisch das Nutztier ›par excellence‹. Wer an Kühe und Rinder denkt, der denkt in erster Linie an seine Bedeutung als Fleisch- und Milchlieferant. Das Rind ist ein geselliges Herdentier, sein Wesen ist zutiefst geprägt von Sanftmut und Genügsamkeit. Anders als das Pferd bevorzugt das Rind Weideflächen mit Baumbewuchs, Gestrüpp und Unterholz. Darf es sich artgerechter Haltung erfreuen, so ist dieses Tier erstaunlich menschenbezogen.

An dieser Stelle sei ausdrücklich darauf hingewiesen, dass die Tatsache, dass Ihr Fleisch esst, hier weder Gegenstand unserer Betrachtungen sein noch vor Gericht gestellt werden soll. Es geht hier um das Tier als solches und weniger um Eure jeweilige Einstellung zu seiner Nutzung. Es steht jedem Menschen völlig frei, sich gemäß seinem eigenen Gutdünken zu definieren. Gerade in esoterischen Kreisen ist es regelrecht in Mode gekommen, die Fleischesser unter Euch anzuprangern und zu verurteilen. Anklage, Schuldzuweisung und Verurteilung können aber niemals den Weg zum Heil weisen. Vielmehr geht es um das tiefe Verständnis der Dinge und Kreaturen und um die geistig-seelischen Hintergründe jenseits des äußeren Scheines.

Der direkte Weg zur Lösung jedes Problems liegt immer und ausnahmslos in der Liebe und kann nur hier gefunden werden. Allzeit, so auch hier, ist der Pfad der Liebe der Weg zur Lösung. Die artgerechte Haltung aber, also die der ureigenen Natur des Tieres entsprechende Haltung, erfährt in jüngerer Zeit eine deutliche Aufwertung. Diesem sehr erfreulichen Umstand gehen komplexe Prozesse der Bewusstwerdung voraus, die wir außerordentlich begrüßen.

Wenn die Haltung eines Tieres sein ureigenes Naturell respektiert und die Haltungsbedingungen bestimmt, dann kommt der Mensch, der sich ihr verschreibt, auch seinen eigenen Wurzeln einen bedeutenden Schritt näher. So ist der Umgang des Menschen mit seinem Haustier nicht zuletzt ein getreulicher Spiegel seines Umganges mit sich selbst und seiner eigenen Natur. In einer Welt, die den Wert eines Menschen nur noch an seiner materiellen Leistungsfähigkeit und seinem Kontostand bemessen und festmachen will, musste es über kurz oder lang zwingend zu eurer unseligen Massentierhaltung kommen, die die Kreatur wider jede Vernunft und Menschlichkeit zu einer Hochleistungsmaschine degradiert und pervertiert. Die Welt macht aus dem Tier das, was sie aus dem Menschen macht. Der Mensch kann nun einmal niemals mit zweierlei Maß messen und seine Selbstwahrnehmung ist der Dreh- und Angelpunkt der Wahrnehmung und Bewertung seiner Außenwelt.

(*Anm. der Verfasserin:* Mit dem freundlichen Einverständnis von Regulus erlaube ich mir an dieser Stelle einen Einwurf, der mir persönlich sehr am Herzen liegt.

Als Kind vom Lande bin ich mit Haustieren aufgewachsen und groß geworden. Die Jahre meiner Kindheit und Jugend waren zutiefst geprägt vom Umgang mit Tieren und dieser intensive Bezug zum Tier war und blieb mir tiefe Bereicherung und Quelle vieler Freuden. Dass bei unserer Haustierhaltung heutzutage vieles im Argen liegt, dürfte jedem Leser vollkommen klar und hinlänglich bekannt sein. Es wäre also müßig, hier auf die vielen Missstände und Unsitten einzugehen, die die Massentierhaltung naturgemäß im Gepäck hat.

An dieser Stelle ist mir dennoch sehr daran gelegen, auf die leider allgemein übliche und weit verbreitete Praktik der Enthornung von Rindern hinzuweisen. Mit ihrem sanftmütigen und friedfertigen Wesen trägt die Kuh ihren wunderschönen und ganz individuellen Hornschmuck mit unübersehbarem Stolz. Die unselige Enthornung der Tiere beraubt sie ihrer natürlichen Schönheit und nicht zuletzt ihrer gottgegebenen Würde.

Eine enthornte Kuh mutet an wie eine albern aussehende Karikatur ihrer selbst. Die erschreckende Tatsache, dass viele Kinder in diesen Zeiten nicht einmal mehr wissen, dass ein Rind ein von Natur aus behorntes Tier ist, legt Zeugnis davon ab, wie weit sich der Mensch von sich selbst und seiner eigenen wahren Natur entfernt hat. Erfreulicherweise gelangen in neuerer Zeit immer mehr Menschen zu der Erkenntnis, dass dies nicht der Weg der Wahl sein kann und darf und dass der Zweck niemals die Mittel heiligt, sondern sie bestimmt.

Und wie immer, wo Liebe am Werk ist, so kommt es auch in diesem Punkt zu einer völlig anderen Sicht der Dinge und zu bahnbrechenden Erkenntnissen. Und nur so, durch den Blick der Liebe, konnte der Zusammenhang von Behornung und Milchqualität erkannt werden. Es versteht sich von selbst, dass die Enthornung bei artgerechter Tierhaltung jeglicher Sinnhaftigkeit entbehrt und hinfällig ist.)

»Manchmal sitzen sie vor dir,
mit Augen, so hinschmelzend,
so zärtlich und so menschlich,
dass sie dir beinahe Angst machen,
denn es ist unmöglich zu glauben,
dass da keine Seele in ihnen ist.«
Théophile Gautier

Ziege

Das Prinzip der Lebensfreude

Meine liebe Freundin, mein lieber Freund, kommen wir nun zur Hausziege (Capra aegagrus hircus), dem ›Clown‹ unter den Haustieren. Ziegen liefern dem Menschen Milch, Fleisch und feinstes Leder. Ziegen sind auffallend neugierig, verspielt und auf sehr charmante Weise frech. Jeder, der mit Ziegen zu tun hat, kann ein Lied davon singen.

Ziegen sind intelligent, sie sind in der Lage, Kommandos zu befolgen, und hören, ähnlich dem Hund, auf ihren Namen. Insbesondere Kinder sind für das lebhafte Naturell der Ziegen sehr empfänglich. Aber auch der Erwachsene, der sich die kindliche Seele bewahrt hat, liebt diese Tiere. An dieser Stelle sei ebenfalls auf den wunderschönen Hornschmuck dieser Tiere hingewiesen, der unserem Medium so am Herzen liegt – übrigens völlig zu Recht.

Ziegen rangeln sehr gerne und haben, wie gesagt, einen deutlich ausgeprägten Spieltrieb. Genau von dieser herrlichen Eigenart der Ziegen gibt es viel für uns zu lernen. Wir haben schon des Öfteren über die Bedeutung einer spielerischen Herangehensweise an das Leben im Allgemeinen gesprochen und wiederholen dies an dieser Stelle gerne erneut. Dem Menschen fehlt es ganz allgemein gesprochen an Lebensfreude, auch und gerade in euren westlichen Industrienationen. Der Mensch, der das Leben wie ein belustigendes Abenteuerspiel anzugehen vermag, ist wahrhaft weise. Da und dort, wo das Leben mit krampfhafter

Ernsthaftigkeit angegangen wird, da wurde dieses größte und heilige Geschenk Gottes an seine Schöpfung nicht verstanden. Das Leben selbst ist die pure Freude am Sein und nur Freude am Sein ist Leben. Die Ziegen haben das verstanden! *(Anm. der Verfasserin: Scherzhaft gesagt.)*

Das Leben ist ein ständiges und lustvolles Experimentieren mit dem eigenen Sosein und ein permanentes Ausloten der eigenen Möglichkeiten. Hier sind Forschergeist und Entdeckerdrang gefragt, auch und insbesondere in Bezug auf das eigene Sein. Neugier und Offenheit sich selbst gegenüber bringen immer auch Neugier seiner Umwelt gegenüber mit sich. Die liebevolle Akzeptanz des Selbst bildet den sicheren Boden, auf dem das Spiel des Lebens sich in seiner ganzen geballten Kraft entfalten und austoben kann. Lebensfreude und Spieltrieb sind hochgradig ansteckend und wirken sich immer segensreich auf jeden aus, der mit ihnen in Berührung kommt. Ihr solltet das Leben wie auch Euch selbst ernst genug nehmen, um Euch nicht immer allzu ernst zu nehmen. Menschen, die Ziegen lieben, haben Sinn für Humor. Humor aber ist immer ein Zeichen von Weisheit.

»Wenn der Mensch wüsste,
dass Tiere sprechen können,
würde er ihnen dann zuhören?
Denn die Menschen glauben, zwischen
ihnen und den Tieren sei ein Abgrund.
Es ist nur eine Stufe im Rad des Lebens.
Denn wir sind alle Kinder einer Einheit.«
Manfred Kyber

Schaf

Das Prinzip der Genügsamkeit

Mein lieber Freund, meine liebe Freundin, das Schaf (Ovis aries) spielt in der Menschheitsgeschichte eine bedeutende Rolle als Milch-, Woll-, Fleisch- und Felllieferant.

Schafe gehören zu den ältesten Haustieren des Menschen und sind sehr robust, anpassungsfähig und genügsam. Die Sanftmut der Schafe ist sprichwörtlich. Sie sind ausgesprochen soziale und gesellige Herdentiere. Anders als Pferde und Rinder waren Schafe, ebenso wie Ziegen, Geschöpfe der Berge. Sie sind hervorragende Kletterer und kommen selbst mit den kargsten Vegetationsbedingungen zurecht. Von allen Weidetieren knabbert das Schaf das Gras am tiefsten ab. Es wird vermutet, dass Schafe wie auch Ziegen zu den allerersten Nutztieren des Menschen gehörten. Die ausgeprägte Friedfertigkeit dieser Tiere ist bemerkenswert und genau in diesem Umstand liegt wohl der größte Gewinn für den Menschen, der diese Tiere liebt und sich näher mit ihnen beschäftigt.

Was, wenn nicht Friede, fehlt dieser Welt? Und woran, wenn nicht an Frieden mit sich selbst, mangelt es dem Menschen? Hier kommen wir – wie so oft – erneut auf die immense und alles entscheidende Bedeutung der Selbstliebe und Selbstakzeptanz zu sprechen. Nur der Mensch, der ausgesöhnt mit sich selbst und dem eigenen Sosein zu leben in der Lage ist, kann dies auch mit seinem Umfeld leben und in die Welt hinaustragen. Liebe, allem voran die Selbstliebe, führt immer und unfehlbar zum Frieden, der nur hier, in der Liebe, gefunden werden kann. Die inneren Schlachtfelder des Menschen sind vielfältig und mit Leichen gepflastert, an erster Stelle mit der eigenen. Selbstanklage und Schuldgefühl ob des eigenen Soseins führen immer tiefer hinab in die Angst vor sich selbst und damit in die Angst vor dem Schöpfer. Was, wenn nicht Liebe, könnte dieser Leidspirale ein jähes Ende setzen?

Wird die Liebe vom Selbst zum Selbst erkannt und gelebt, so ist der Weg zur Erkenntnis der bedingungslosen Liebe Gottes zu seinem Kinde und der ganzen Schöpfung geebnet. Nur wer sich selbst Liebe zugesteht, vermag an die Liebe seines himmlischen Vaters zu glauben und darauf zu vertrauen, dass diese Liebe ewig währt – immer und unter allen Umständen. Der Mensch, der sich selbst Verständnis und wahre Sanftmut entgegenbringt, sieht sich selbst durch Gottes Augen. Wer sich selbst liebt, der gibt Gott recht.

Wer sich selbst liebt, der befriedet sein Leben und seine Welt. Lamm Gottes, erkenne Deine Schuldlosigkeit und gib Dir selbst freies Geleit durch Dein Leben!

»Alle Geschöpfe der Erde fühlen wie wir,
alle Geschöpfe streben nach Glück wie wir.
Alle Geschöpfe der Erde lieben,
leiden und sterben wie wir,
also sind sie uns gleich gestellte Werke
des allmächtigen Schöpfers,
unsere Brüder.«
Franz von Assisi

Schwein

Das Prinzip der Wissbegier

Meine liebe Freundin, mein lieber Freund, das Schwein (Sus scrofa domesticus) ist wohl das am meisten und in besonderer Weise missverstandene Wesen unter den Haus- und Nutztieren. Schweine gelten oft, und völlig zu Unrecht, als wenig intelligent. Untersuchungen haben jedoch ergeben, dass die kognitiven Fähigkeiten der Schweine denen mancher Primaten in nichts nachstehen.

Schweine sind ausgesprochen lernfähig und lernbegierig und entwickeln bei artgerechter Haltung erstaunliche Fähigkeiten. Da Schweine keine Schweißdrüsen haben, lieben sie es, sich zum Zwecke der Abkühlung im Schlamm zu suhlen. Ein sich wohlig in der Suhle wälzendes Schwein ist ein Schauspiel für die Götter! Vielleicht ist es dieser Eigenart und diesem Umstand geschuldet, dass Schweine oftmals als unsauber und schmutzig gelten.

In Europa ist Schweinefleisch die am häufigsten gegessene Fleischsorte. Schweine sind ausgesprochene Allesfresser, was sie für den Menschen zum idealen Nutztier macht. Die Lernfähigkeit und Wissbegier der Schweine erinnert an die kleiner Kinder. Außerdem ist das Schwein bei guter, liebevoller Haltung ausgesprochen anhänglich und menschenbezogen.

Und genau hier, in dieser Kombination von Menschenbezogenheit und Wissbegier, sollten wir genauer hinsehen. Der Mensch ist von Natur aus ein soziales Wesen. Er braucht und sucht den Kontakt und die Kommunikation mit seinesgleichen. Im anderen kann er sich selbst erkennen und viel über sich selbst in Erfahrung bringen.

Wie wir wissen, ist des Menschen Außenwelt der getreue Spiegel seines Inneren. Und so kann es nicht sein, dass Du Dich selbst nicht besser und tiefer kennenlernst, wenn Du Umgang mit anderen pflegst, ihnen zuhörst und Dich wahrhaft auf Deine Mitmenschen einlässt. Die Worte, die Ihr wechselt, und zwar jedes einzelne davon, sind immer auch ein Akt der Selbstdefinition. Du definierst Dich selbst nicht nur durch das, womit Du Dich identifizierst, sondern auch durch das, wovon Du Dich distanzierst und damit abgrenzt.

Menschen brauchen Menschen, ebenso wie Herden- und Rudeltiere ihresgleichen brauchen. Menschen brauchen Menschen um zu erkennen, wer und was sie sind. Menschen brauchen Feedback. Die Suche des Menschen nach dem eigenen Ich, nach seiner wahren Herkunft und Identität, ist allzeit und für jeden unwiderstehlich, ob er sich dessen nun bewusst ist oder nicht. Jedes gesprochene Wort und jede begangene Tat sind nichts als Akte der Selbstdefinition auf der Suche nach dem eigenen Selbst.

Wie wir wissen, sind wir alle hervorgegangen aus der allumfassenden und unermesslichen Liebe unseres himmlischen Vaters. Und so kann unsere ureigene Wesensessenz, der Urgrund allen Seins, nichts anderes sein als eine Ausdehnung dieser Liebe. Liebe kann nichts als lieben und so kann sie niemals etwas anderes hervorbringen als sich selbst. Liebe gebiert ewig nur Liebe und niemals kann es etwas anderes geben, das wahren und echten Wirklichkeitsgehalt haben könnte. Alles, was nicht Liebe ist, ist nichts als Irrtum, nichts als ein toter Winkel in Deiner

Selbstwahrnehmung, der Wahrnehmung Deiner Welt und der ganzen Schöpfung. Wenn Du etwas anderes siehst als Liebe, dann öffne Deine Augen und Dein Herz und sieh erneut hin: Liebe ist!

»Was ist der Mensch ohne die Tiere?
Wären alle Tiere fort, so stürbe der Mensch
an großer Einsamkeit des Geistes.
Was immer den Tieren geschieht,
geschieht auch bald den Menschen.
Alle Dinge sind miteinander verbunden.«
Chief Noah Seattle

Esel

Das Prinzip der Dienstbarkeit

Mein lieber Freund, meine liebe Freundin, an letzter Stelle unseres Ausflugs in die wundervolle Welt unserer tierischen Weggefährten wollen wir uns nun dem Esel (Equus asinus) zuwenden, dem nahen Verwandten des Pferdes. In den westlichen Industrienationen hat der Esel keinerlei wirtschaftliche Bedeutung, in weiten Teilen der Welt ist er jedoch unentbehrlich, ja überlebensnotwendig.

Esel sind entzückende Tiere, denen völlig zu Unrecht Dummheit nachgesagt wird. Kein anderes Nutztier hat sich weltweit so sehr und so intensiv vom Menschen in seinen

Dienst stellen lassen. Vor allem als zuverlässiges Lasttier kann der Mensch in vielen Ländern der Erde nicht auf ihn verzichten und ist völlig auf seine treuen Dienste angewiesen. Zwar ist der Esel zu Höchstleistungen fähig, scheut diese nicht und ist dabei extrem robust, so zeichnet er sich doch auch durch außerordentliche Genügsamkeit hinsichtlich seines Nahrungsbedarfs aus. Wo das ihm nah verwandte Pferd in Stresssituationen zur Flucht neigt, da bleibt der Esel eher wie angewurzelt stehen. Diese für den Esel typische Charaktereigenschaft hat ihm den Ruf eines sturen bzw. dummen Tieres eingebracht. Aufgrund ihrer ausgesprochenen Robustheit sind Esel viel länger als Pferde in der Lage, ohne Nahrung und Wasser auszukommen. In der christlichen Tradition kommt dem Esel die Rolle als Symbolfigur zu.

Bei diesem Haustier steht also die Dienstbarkeit voll und ganz im Vordergrund unserer Betrachtungen. Der Mensch ist naturgemäß eher zwiegespalten, wenn es um das Thema des Dienens im Allgemeinen und des Dienstes am anderen im Besonderen geht. Wie wir in unseren vorangehenden Schriften gesehen haben, verwechselt Ihr nur allzu oft die Ebenen. Ihr verwechselt das Dienen mit dem Opfern, setzt es ihm gar gleich. Doch in diesem Punkt irrt Ihr. Dienen ist ein Synonym für Hingabe. Da und dort, wo das Dienen selbst als Opfer gesehen und empfunden wird, da entspringt es allem Möglichen, aber gewiss nicht der Liebe.

Liebe opfert nicht, Liebe opfert niemals. Liebe schenkt. In der Liebe wird das Dienen zur freudigen Hingabe und hat immer und ausnahmslos Glück und Erfüllung im Gefolge. Wie wir an anderer Stelle bereits erwähnten, macht Opfern unfehlbar zornig. Liebe jedoch und der echte Dienst im

Sinne der Liebe machen unfehlbar glücklich. Liebe will sich immer verausgaben, hingeben, ausdehnen, vermehren und zum Ausdruck bringen. Und so ist der Dienst der Liebe und aus Liebe heraus die schönste Form der Verschwendung, die es jetzt und ewig geben kann.

Liebe verschwendet sich gerne, weiß sie doch allezeit, dass sie sich nur in dieser Weise vermehrt. Liebe vermehrt sich, indem sie sich verausgabt, verschwendet, verschenkt und weitergibt. Liebe genügt sich selbst vollkommen und ist dennoch in ewiger Ausdehnung begriffen.

Dienen ist tätige, rührige Liebe und nie ist ein Mensch von erhabenerer Schönheit als im Dienst der Liebe. Wer sich in den Dienst der Liebe stellt, der ist unterwegs in göttlicher Mission und somit in höchstem Auftrag. Wer sich in den Dienst der Liebe stellt, der ist wahrlich Gott in Menschenhaut und bringt sein Licht in diese Welt.

»Die Tiere empfinden wie der Mensch
Freude und Schmerz, Glück und Unglück;
sie werden durch dieselben Gemütsbewegungen
betroffen wie wir.«
Charles Darwin

2. Die Gehölze:

Ahorn

Der Baum des Wohlstands

Meine liebe Freundin, mein lieber Freund, in unserer Aufzählung der Gehölze wollen wir uns an erster Stelle der Gattung der Ahorne (Acer) zuwenden. Der Ahorn steht für Wohlstand, Vielfalt, Fülle und Ästhetik, aber auch für Reinheit und Freiheit.

Der Ahorn hatte im Volksglauben früherer Zeiten eine große Bedeutung. Seine Zweige wurden zum Schutz vor Hexen an Haus- und Stalltüren befestigt. Die Arten- und Sortenvielfalt des Ahorns ist bemerkenswert und keine andere Gattung entflammt zum Ende des Sommers ein so herrliches Feuerwerk leuchtender Herbstfarben wie die der Ahorne. Die wundervolle Farbpalette reicht von einem satten Goldgelb bis hin zu feurigem Blutrot. Sein Holz ist hochwertig, vielseitig verwendbar und wundervoll in seiner Maserung.

Auf der spirituellen Ebene fördert diese Energie das Vertrauen in die ewige Fülle der Gaben Gottes. Sie hilft dem Menschen, seinen himmlischen Schöpfer als unversiegbare Quelle der Gnade zu erkennen und mit Freuden anzunehmen. Ahornenergie unterstützt die Kommunikation mit Gott, sie fördert das Gebet. Diese Energie ist eine sehr schöne, malerische und charismatische. Ahorne verströmen das Gefühl einer sehr starken Präsenz. Sie können vor Negativeinflüssen durch Fremdenergien schützen und wirken bei Bedarf befreiend und erlösend. Die Ahornenergie folgt dem Prinzip, das immer alles gegeben ist, was es braucht. Alles, was es braucht, ist gegeben, es will nur genutzt sein, denn dazu ist es gegeben.

Wir haben gesehen: Wer Gott will rechte Gunst erweisen, der nimmt die Gunst freudig an, die Gott ihm erweist. Auf der psychologischen Ebene schürt Ahorn das innere Feuer der Lebensfreude. Hier kommt seine ganze Bedeutung als Baum des Wohlstandes zum Tragen. Diese Energie lässt uns freudig voranschreiten und das Leben in vollen Zügen und in der ganzen Bandbreite seiner Möglichkeiten genießen.

Besonders in seinem herbstlichen Prachtkleid fördert der Ahorn die Ehrfurcht und die Achtung vor der Größe, Herrlichkeit und vollkommenen Schönheit der gottgegebenen Natur und somit der ganzen Schöpfung. Diese Energie lässt uns neue Möglichkeiten erkennen und wahrnehmen. Es fällt uns leichter, neue, bisher unbekannte und unbeschrittene Wege einzuschlagen und zu erforschen. Ahornenergie fördert ein ganzheitliches Bewusstsein und das tiefe Verständnis von der Einheit von Körper, Geist und Seele.

So wirkt die Energie des Ahorns auch auf der anatomischen Ebene wie ein Jungbrunnen. Die Zusammenhänge von körperlicher Krankheit und Psyche werden leichter erkannt und durchschaut, sodass der Mensch in seinem Heilungsbestreben begreift, wo er den Hebel ansetzen muss. Ahorn fördert die Akzeptanz des beständigen Wandels und der Veränderungen auf allen drei Ebenen des menschlichen Daseins. Die dem Ahorn zugeordnete Farbe ist Feuerrot, die intensiv leuchtende Herbstfärbung des Feuerahorns (Acer ginnala). Es steht für die bunte Vielfalt und den lebendigen Reichtum des menschlichen Lebens.

Buche

Der Baum des Lebens

Mein lieber Freund, meine liebe Freundin, nunmehr wollen wir uns in unseren Betrachtungen der Gehölze der Buche (Fagus) zuwenden. Die Buche steht für die Beständigkeit des Lebens, für Verlässlichkeit, Stille, Einkehr und inneren Frieden.

Buchen können mitunter sehr alt werden. *(Anm. der Verfasserin: Mir ist eine mindestens 450-jährige Buche bekannt.)* Mit ihrem frischen, hellen Lindgrün verströmen sie beim Laubaustrieb im Frühling eine Atmosphäre von Neugeburt und erwartungsfrohem Neubeginn. Buchenholz ist hochwertig, vielseitig verwertbar und sehr fein gemasert. Es hat einen hohen Brennwert und ein schönes Flammenbild.

Die Buche, der Baum des Lebens, ist das Gehölz des stillen Lebensglücks und der ruhigen Daseinsfreude. Diese Energie folgt dem Prinzip des In-sich-selbst-Ruhens. Buchenenergie fördert das Gefühl und Bewusstsein der Geborgenheit in Gott, sie stärkt das Urvertrauen. Da sie eine stark beruhigende Atmosphäre verströmt, wirkt sie sich sehr vorteilhaft auf die meditative Versenkung aus. Diese Energie ist wie Balsam für die Seele und das Gemüt bei Menschen, die nur schwer zur Ruhe kommen und nicht abschalten können.

Auf der psychologischen Ebene wirkt Buchenenergie besänftigend und beruhigend bei jeder Art von therapeutischem Prozess. Diese Energie kommt vor allem da und dort zum Einsatz, wo der Mensch Angst hat, sich schwierigen Sachverhalten und Situationen zu stellen. Sie fördert das Bewusstsein der ewigen Unversehrtheit der Seele und des eigenen Ich. Die Buche lässt uns festen, ruhigen Schrittes durchs Leben gehen. Sie ist wie Nahrung für das menschliche Selbstvertrauen und fördert den Mut, den Dingen offen und direkt zu begegnen und sie unverhohlen anzusehen. Buchenenergie lässt uns dann handeln, wenn gehandelt werden muss, und geduldig verharren, wenn eine abwartende Haltung angemessen und ratsam ist.

Auf der physischen Ebene wirkt die Buche wie ein Katalysator für jede Art von Heilungsprozess. Sie fördert und unterstützt den Heilungsvorgang, besonders bei Erkältungskrankheiten, die oft mit Überforderung einhergehen. Zudem entfaltet sie ihre heilerische Wirkung bei Kinderkrankheiten.

Die Buche ist das Gehölz des Neuanfangs. Die ihr zugeordnete Farbe ist Lindgrün, das leichte, erfrischend strahlende Grün des jungen Laubaustriebs. Es steht für das junge, frische Leben, das im Kreislauf des ewigen Lebens jeden Tag neu erwacht und entsteht.

»Die Patina des Gelebten
hat nicht ihresgleichen.«
Hans Kasper

Eiche

Der Baum der Ewigkeit

Meine liebe Freundin, mein lieber Freund, auf unserem Ausflug in die herrliche Welt der Botanik wollen wir unser Interesse nunmehr auf die Gattung der Eichen (Quercus) lenken. Die Eichenenergie repräsentiert die Ewigkeit.

In alten Religionen und Mythen wurde die Eiche als heiliger Baum verehrt. Bei den Germanen war sie dem Gewittergott Thor geweiht. Wegen der religiösen Bedeutung wurde früher oftmals unter Eichen Gericht gehalten.

Eichenholz ist sehr wertvoll und hat eine hohe Verrottungsbeständigkeit. Eichen werden mitunter sehr alt, ein Eichenleben kann viele Generationen überdauern. Die Eiche steht für Größe, Stärke, Unbeugsamkeit und Lebenskraft. Diese Energie bestärkt uns im Glauben an ein ewiges Leben über den physischen Tod hinaus. Eichen lassen uns einen Hauch der Ewigkeit erhaschen und sie erahnen. Sie lassen uns kraftvoll und energiegeladen durchs Leben schreiten. Sie fördern das Bewusstsein der ewigen Beständigkeit alles Wirklichen, das nur in der unendlichen Liebe Gottes liegen kann. Diese Energie wirkt Glaubenszweifeln deutlich entgegen und lässt uns stark und fest im Glauben voranschreiten.

Besonders in schwierigen Zeiten macht Eichenenergie uns unbeugsam und beständig im Glauben und im Vertrauen auf Gottes ewige Liebe. Diese Energie folgt einem Prinzip, dem wir schon an früherer Stelle begegnet sind, nämlich »In

Wirklichkeit ist alles gut«. Eichen öffnen uns die Augen und das Herz für die wahre Größe und Allmacht Gottes.

Im psychologischen Bereich ist die Eichenenergie immer da und dort angezeigt, wo es heißt, durchzuhalten und beharrlich zu bleiben. Persönliche Ziele werden klar definiert und erreicht. Eiche fördert die Geduld und damit die Beharrlichkeit, die der Klarheit um die innere Zielsetzung entspringen. So wie die Buche der Baum junger, frischer Lebensenergie ist, so ist die Eiche der Baum der späten Lebensjahre. Sie steht für Erfahrung und Altersweisheit.

Auf der körperlichen Ebene wirkt sie allen Leiden entgegen, die mit dem Alterungsprozess des Menschen zu tun haben, und lindert die typischen Beschwerden. Die der Eiche zugeordnete Farbe ist Violettblau, die Farbe der Heilung.

»Zu wissen, wie man altert, ist das
Meisterwerk der Weisheit und eines
der schwierigsten Kapitel aus
der großen Kunst des Lebens.«
Henri Frédéric Amiel

Birke

Der Baum der Anmut

Mein lieber Freund, meine liebe Freundin, die Birke (Betula) ist der Baum der Anmut. Mit ihrem grazilen Wuchs und ihrer weißen Rinde ist sie unverwechselbar. Insbesondere die Arten und Sorten mit unterschiedlich ausgeprägt hängender Wuchsform sind sehr anmutig und elegant. Ihre Energie steht für Schönheit, Grazie, Unschuld und Frieden. Sie ist weich, federleicht und sehr harmonisch.

Birken sensibilisieren unser Herz und unsere Sinne für die anmutige Schönheit der Liebe im Allgemeinen und der Liebe Gottes im Besonderen. Wer aber die Liebe in ihrer ganzen Anmut und Grazie wahrnehmen kann, der findet zu tiefem inneren Frieden mit sich selbst und mit der Welt.

Die weiße Rinde der Birke verweist deutlich auf die ewige, gottgegebene Unschuld des Menschen. Die Illusion der Schuldfähigkeit haben wir ausführlich in Band I *Des Menschen Wunsch und Gottes Wille* erörtert. Zum Frieden mit sich selbst kann immer nur derjenige finden, der sich der immerwährenden sicheren Einbettung in der Schuldlosigkeit bewusst ist. Von diesem Denkkonzept ausgehend kann der Mensch sich endlich ›freies Geleit durch sein Leben‹ geben. So sind Unschuld und Frieden nicht voneinander zu trennen und können nur gemeinsam miteinander betrachtet werden. Die Energie der Birke hilft uns dabei, die Unschuld und den Frieden, die unser göttliches Erbe sind, mit ganzem Herzen und ganzen Händen zu ergreifen und anzunehmen. Erst jetzt kann dem Menschen die vollkommene Schönheit des eigenen Wesens in vollem Umfang bewusst werden. Die Eleganz der Birken darf uns nicht wundern, denn wo wahre Schönheit, Anmut und Grazie sind, da folgt die Eleganz unfehlbar auf dem Fuße. Nun eröffnet sich uns, mit welcher Eleganz die Liebe Problemen und Widrigkeiten trotzt, die sich ihr in den Weg stellen mögen.

Die Birke ist recht anspruchslos, wenn es um die Bodenbeschaffenheit geht. Hier finden wir einen deutlichen und wunderschönen Hinweis auf die Bedingungslosigkeit der Liebe. In psychologischer Hinsicht unterstützt die Birkenenergie den Stolz auf das eigene Wesen und das ureigene, persönliche Dasein. Sie öffnet die Augen für die Harmonie zwischen den Ereignissen, Umständen und Dingen innerhalb eines Menschenlebens. Diese Energie macht die großen Zusammenhänge zwischen den Ereignissen und Gegebenheiten bewusst und wirkt somit sehr hilfreich und unterstützend in jedem therapeutischen Prozess.

Die Birkenenergie ist eine sehr lebendige und rührige. Sie lässt Konflikte und Traumata in Erscheinung treten, damit sie aufgelöst und somit dem inneren Frieden zugeführt werden können. Die Birke überantwortet den Menschen seinem ganz persönlichen Heilungsprozess und hält die Dinge in Fluss und Bewegung. Sie bringt den Menschen in Frieden mit seiner Vergangenheit, der unbedingte Voraussetzung für den Frieden im Jetzt ist.

Im anatomischen Bereich wirkt sich die Birkenenergie heilsam auf den Fettstoffwechsel und die Verdauung aus. Ihr zugeordnet ist die Farbe Weiß, die Farbe der Unschuld und des Friedens.

3. Die Textilfasern:

Baumwolle

Der Stoff der Anpassung

Mein lieber Freund, meine liebe Freundin, kommen wir nun zur Baumwolle, dem Werkstoff der Anpassung. Diese Energie wirkt wärmeregulierend und ausgleichend. Baumwolle kann also sowohl wärmend als auch kühlend sein, je nach Bedarf. Diese Energie ist nachgiebig, schön und sehr angenehm. Sie folgt dem Prinzip der Dienstbarkeit, was immer und unfehlbar mit einer ganz besonderen Art von Schönheit einhergeht.

Die Schönheit der Baumwollpflanze ist unübersehbar und verdient an dieser Stelle unbedingt Erwähnung. Ihrer Dienstbarkeit entsprechend nimmt sie jede Art von Farbe sehr leicht auf und passt sich gerne an. Baumwolle ist immer da und dort angezeigt, wo der Mensch sich den Dienst an sich selbst verweigert und sich vieles schuldig bleibt.

Baumwolle ermutigt dazu, sich seiner wahren Interessen und Wünsche bewusst zu werden und sie anzustreben. Baumwollenergie wirkt unterstützend, wenn der Mensch seiner Selbstwerterfüllung nacheifert und damit seinen Seelenplan zu erfüllen sucht. Somit ist Baumwolle der Stoff der Selbstverwirklichung. Baumwolle fördert die göttlichen Eingebungen und erhöht die Bereitschaft, darauf zu hören und sich auf sich selbst einzulassen. Auf der psychologischen Ebene fördert diese Energie das Bewusstsein darum, was der Mensch wirklich will, was er kann und was er sich von seinem Leben erwartet. So unterstützt Baumwolle die Bewusstwerdung der wahren eigenen Identität mit all ihren Eigen- und Besonderheiten. Wer aber seiner Selbstwerterfüllung nacheifert, der unterstützt sein natürliches und gottgegebenes Selbstwertgefühl in massiver Weise. Baumwolle steigert das Selbstbewusstsein und somit die Selbstliebe, insbesondere, wenn sie blau eingefärbt ist.

Innerhalb des biologischen Kontextes wirkt sich Baumwolle förderlich auf die Funktion der Schilddrüse aus. Sie gleicht den Hormonhaushalt aus und harmonisiert ihn, was ein sehr wichtiges Faktum für das allgemeine Wohlbefinden darstellt.

»Einen Sturm übersteht
der Biegsame am besten.«
Aus Japan

Schurwolle

Der Stoff der Wärme

Meine liebe Freundin, mein lieber Freund, kommen wir nun zur Schurwolle, dem Werkstoff der Wärme. Der Schurwolle wird die Behaarung von Schafen, Kaschmirziegen, Angorakaninchen oder Lamas zugeordnet.

Wie kein anderer Stoff verkörpert Schurwolle das Prinzip von Wärme. Sie trotzt auch tiefsten Temperaturen und spendet wohlige Wärme. Ständiger Wärmemangel ist immer und ausnahmslos ein Indiz für fehlende Liebe. Wem es an Liebe mangelt, der leidet im wahrsten Sinne des Wortes an beständiger Unterkühlung. Schurwolle hilft dabei, die Selbstliebe zu mehren und zu unterstützen. Somit ist sie die Energie der Heilung schlechthin. Diese Energie hilft dabei, der Vollkommenheit und Allgegenwart der Liebe Gottes zu vertrauen und sich ihr freudvoll hinzugeben. Sie fördert das Vertrauen und das Gewahrsein der ständigen Gegenwart von Geistführern und Schutzengeln und hilft somit, sich nicht länger einsam und ungeliebt zu fühlen.

Schurwollenergie wärmt das Herz und die Seele gleichsam mit Liebesbewusstsein. Sie hilft dabei, besser mit dem Alleinsein zurechtzukommen und die innewohnenden positiven Seiten und Chancen zu erkennen. Auf der psychologischen Ebene bewirkt Schurwollenergie, dass Liebesangebote leichter und einfacher als solche erkannt und somit angenommen werden können. Sie hebelt zerstörerische Selbstschutzmechanismen aus, was dem Menschen sowohl in der Psychotherapie als auch im alltäglichen Leben sehr zugute kommt. Diese Energie hilft dabei, Freund von Feind dem wir schon an früherer Stelle begegnet sind zu unterscheiden und dort den Nutzen und die Hilfe zu erkennen, wo sie wirklich sind. Dieses Unterscheidungsvermögen bezieht sich sowohl auf die Außenwelt als auch auf die eigenen inneren Anteile und Glaubenssätze. Somit ist die Schurwollenergie ein richtiger Katalysator für jede Weiterentwicklung, da sie dem Fortschritt neue und ungeahnte Schubkraft verleiht. Sie ist ein ›Entwicklungsbeschleuniger‹.

Da Wärme letztlich immer von innen, also aus dem Herzen kommt, wirkt Schurwollenergie Übergewicht entgegen und fördert somit die allgemeine Gesundheit des Körpers und das physische und psychische Wohlbefinden. Diese Entwicklung hin zum natürlichen Körpergewicht unterstützt das Selbstwertgefühl und die Selbstakzeptanz, die als Vorstufe zur Selbstliebe zu betrachten ist.

»Ein großes, ein warmes Herz
ist die ganze Anlage zur Seligkeit,
und ein Freund ist ihre Vollendung.«
Friedrich von Schiller

Leinen

Der Stoff der Stärke

Mein lieber Freund, meine liebe Freundin, nun wollen wir uns mit Leinen befassen und sehen, was es damit auf sich hat. Leinen, auch Linnen genannt, wird aus der Flachspflanze gewonnen. Leinen kann sehr hohe Temperaturen ertragen, ist besonders hautfreundlich und wirkt immer angenehm kühl und erfrischend.

Die Leinenenergie ist der Werkstoff der Stärke. Er hilft dabei, das Gottvertrauen wie auch den Glauben an die eigene Stärke zu bekräftigen. Leinen schärft das Bewusstsein der Allmacht des Göttlichen und damit der Allmacht der Liebe mit ihrer ewigen Unantastbarkeit. Es fördert die Wahrnehmung der Liebesnatur des eigenen Selbst und damit auch das Gewahrsein der allmächtigen und vollkommenen Liebe Gottes. So können wir uns vertrauensvoll auf eine echte, wahre und ewige Liebesbeziehung mit unserem himmlischen Vater einlassen.

Auf der psychologischen Ebene unterstützt die Energie von Leinen das Bewusstsein für die tiefe und ewige Unantastbarkeit des eigenen Wesens und somit des eigenen Seins. Leinen, die Energie der Stärke, macht stark. Nichts kann demjenigen Schaden zufügen, der weiß, wer und was er wirklich ist. Dadurch hilft Leinen bei der Verarbeitung und Überwindung von Traumata. Die Dinge werden in einem anderen Licht wahrgenommen und nicht mehr als schmerzliche Verletzung, sondern vielmehr als bereichernde Erfahrung gesehen und empfunden.

Auf der biologischen Ebene wirkt die Leinenenergie sich ganz besonders heilsam auf die Tätigkeit des lymphatischen Systems aus.

»Das sind die Starken,
die unter Tränen lachen,
eigene Sorgen vergessen
und andere glücklich machen.«
Franz Grillparzer

Seide

Der Stoff der Schönheit

Meine liebe Freundin, mein lieber Freund, kommen wir nun zur feinsten aller Textilfasern, der Seide. Wie wohl keine andere Faser, so spricht diese aus den Kokons der Seidenraupe gewonnene unseren Schönheitssinn an. Der edle, sanft schimmernde Glanz der Seide charakterisiert ihre natürliche Schönheit und streichelt die Sinne.

Die Seidenenergie ist sehr harmonisch, weich fließend, anschmiegsam und in ganz besonderer Weise sanftmütig. Seide ist immer da und dort angezeigt, wo der Mensch sich selbst mit unnachgiebiger Härte und Strenge gegenübersteht. Diese Energie öffnet uns die Augen für alles Schöne und nicht zuletzt für die eigene innere Schönheit.

Seidenenergie hilft gegen Weltschmerz, weil sie uns die natürliche Ästhetik jedes Lebenskreises und der ganzen Welt wiederentdecken lässt. Auf der spirituellen Ebene erkennen wir durch diese Energie die allem innewohnende Harmonie und die unendliche Sanftmut der ewigen Liebe Gottes.

Seide macht uns geduldig mit uns selbst und verleiht der Zeit somit einen neuen, untergeordneten Stellenwert. Die Seidenenergie ist eine sehr weibliche Energie des Göttlichen. Sie offenbart Gott in einer ihrer schönsten, herrlichsten und anmutigsten Ausprägungen. Sanftmut, Milde und grenzenlose Güte sind ihr zu eigen. Wie bereits angedeutet, so verhilft uns die Energie der Seide dazu, uns selbst diese Milde und Güte entgegenzubringen. Wer aber sanftmütig und gütig mit sich selbst umzugehen versteht, der kann diese Eigenschaften auch seinen Mitmenschen und aller Kreatur entgegenbringen. Milde und sanft in ihrer Eigenart, vermeidet diese Energie emotionalen Schmerz – in der Psychotherapie ebenso wie im alltäglichen Leben. Sie erhöht die Sensibilität für sich selbst und für andere in ungeahnter Weise, sodass lieblose Mittel zur Erreichung der persönlichen Ziele und Bestrebungen vermieden werden. Der Mensch sucht dann neue, gangbarere Wege, um seine Ziele zu erreichen.

Meine lieben Freunde, bevor ein Mensch die Opferrolle in seinem Leben aufgeben kann, muss er sie zunächst einmal anerkennen. Der Mensch übernimmt nicht länger die Verantwortung für andere und belässt sie bei demjenigen, zu dem sie gehört. Erst dann kann sich sein Blick auf die schmerzlichen Erfahrungen ändern und der anschließenden Heilung sind Tür und Tor geöffnet. Seide hilft dabei, diese

Opferrolle anzuerkennen, damit sie schließlich überwunden und abgelegt werden kann. Erst dann ist der Mensch wirklich frei von seiner Vergangenheit. Er kann nunmehr seine Gegenwart unbelastet leben und seiner Zukunft getrost entgegensehen.

Die körperlich-biologische Entsprechung der Seidenenergie sind die Haare, auf die sie eine sehr positive Auswirkung hat.

»Die Schönheit ist ein Letztes, das die
Wahrheit sowohl wie die Güte voraussetzt.«
Romano Guardini

3. Kapitel

Die Gaben der Erde

1. Die Werkstoffe der Natur:

Holz

Der Werkstoff des Lebens

Meine liebe Freundin, mein lieber Freund, Holz ist der Werkstoff des Lebens. Es gibt wohl kaum eine Lebensform auf Erden, die so liebevoll und friedfertig ist wie die Baumkreatur. Sie dient dem Menschen mit großer Liebe und Zuwendung.

Bäume sind die Lungen der Erde. Sie spenden Wärme und wirken temperaturausgleichend. Sie nähren das Feuer. Kein anderer Werkstoff ist so vielseitig verwendbar und brauchbar wie das Holz. Holz steht für Wachstum und für das Leben innerhalb der Zeit. Auch für Holz gilt das Prinzip, dass alles fließt, panta rhei. Holz ist immer da und dort angezeigt, wo es an Wachstumsenergie fehlt.

Wer glaubt, in seiner spirituellen Entwicklung festzustecken und nicht voranzukommen, dem hilft Holz aus der inneren Sackgasse. Auf psychologischer Ebene unterstützt Holz die Auffassungsgabe und das Lernvermögen. Holz wirkt verbindend und aussöhnend zwischen Himmel und Erde. Es fördert die Erdung, die Verwurzelung im irdischen Leben innerhalb der Zeit ebenso, wie es uns zu ungeahnten spirituellen Höhen verhelfen kann. Auf der physischen Ebene ist Holz immer dann gefragt, wenn Wachstum angeregt oder aber gehemmt werden soll.

Holz ist das Universalmittel bei Wärmemangel. Es wärmt das Herz und hat daher eine beruhigende und ausgleichende Wirkung auf das Gemüt. Bei innerer Erstarrung bringt Holz die Dinge wieder in Bewegung und sorgt für größere Flexibilität und Anpassungsfähigkeit.

Holz unterstützt das Gefühl, in der Welt zu Hause zu sein, und schenkt inneren Frieden, Gleichmut und Geborgenheit. Holz steht ganz und gar im Dienste der Erde und Gott hat der Welt mit der Baumkreatur eines der schönsten Geschenke gemacht. Wo es geliebt wird, da antwortet es mit treuer Langlebigkeit.

»Das Leben borgt seinen höchsten
Reichtum vom Tode; es ist nur schön,
weil es vergänglich ist.«
Christian Friedrich Hebbel

Stein

Der Werkstoff der Beständigkeit

Mein lieber Freund, meine liebe Freundin, Stein ist der Werkstoff der Beständigkeit. Er entspricht dem Prinzip der Dienstbarkeit, Verlässlichkeit. Innerhalb der Endlichkeit unseres physischen Lebens erinnert er uns an die Ewigkeit und lässt uns einen Hauch von ihr erhaschen. Nichts weniger als das ist das große Geschenk, das uns die Steine machen. Sie bringen Stabilität, Halt und Sicherheit in die Welt. Mehr noch als Holz wirken sie temperaturausgleichend. Steine helfen dabei, das Vertrauen in die ewige Gültigkeit der Liebe Gottes aufrechtzuerhalten. So wirken sie besänftigend bei jeglicher Art von Schuldgefühlen und unterstützen die Selbstakzeptanz. Sie helfen dabei, die Angst vor dem Tod zu überwinden und loszulassen, damit das Leben freudig und in vollen Zügen angenommen werden kann.

Die heilerischen Potenziale der unendlichen Vielfalt der irdischen Gesteinswelt sind längst erkannt und werden vermehrt genutzt. Doch die grundsätzliche Heilwirkung jedweder Art von Gestein wurde dabei übersehen. Da Stein dem Prinzip von Dienstbarkeit und Verlässlichkeit folgt, wirkt er grundsätzlich gesundheitsfördernd und heilerisch.

Stein vermittelt das Gefühl von Beständigkeit innerhalb einer Welt und eines Lebens, die in ständigem Wandel begriffen sind. In einer Welt, in der sich ständig alles ändert und in Bewegung ist, braucht es mehr denn je auch Dinge, die bleiben. Die Beständigkeit bildet das gesunde Pendant zum Wandel, denn es braucht die Beständigkeit, um sich freud- und friedvoll dem Wandel hingeben und anvertrauen zu können. Der Wandel beflügelt den Menschen, doch die Beständigkeit lässt ihn sich bewurzeln. So wirkt Stein dem Gefühl unruhiger Flatterhaftigkeit und hilflosen Ausgeliefertseins entgegen.

In Zeiten zielloser Orientierungslosigkeit hilft Stein dabei, sich auf seine wahren Werte und damit auf seine Lebensziele zu besinnen. Aus der Beständigkeit seines wahren Seins und seiner wirklichen Identität schöpft der Mensch die Kraft, sich dem Wandel und dem ewigen Kreis des Lebens neugierig und vertrauensvoll hinzugeben.

Perlmutt

Der Werkstoff des Schutzes

Meine liebe Freundin, mein lieber Freund, wenden wir uns nun in unseren Betrachtungen der Geschenke Gottes nun dem Biomineral Perlmutt zu. Ihr alle kennt den seidigen, edel schimmernden Glanz der Muscheln und Perlen. Perlmutt folgt dem Prinzip von zärtlichem Schutz, Mütterlichkeit, Stärke in der Sanftmut und der Milde. Das macht das Perlmutt so faszinierend in seiner Schönheit. Wir alle brauchen in unserem Dasein das Gefühl sicherer Einbettung. Es wirkt der Emotion des hilflosen Ausgeliefertseins an äußere Umstände entgegen.

Wer sich fühlt wie ein Fähnchen im Winde, der braucht Perlmutt. Es schärft die Sinne für die Eigenverantwortlichkeit im Leben, die mutig angenommen wird, weil es die Sicherheit gibt, die es braucht, sich dieser Verantwortung zu stellen. Perlmutt hilft bei Überforderung, wenn der Mensch sich zu viel zumutet und dort Verantwortung übernimmt, wo sie in andere Hände gehört. Im übergeordneten Sinn hilft Perlmutt, sich Gottes Schutz anzuvertrauen und das Bewusstsein zu schärfen für die schützenden Kräfte über uns. So kann der Mensch wieder sicheren und festen Schrittes durchs Leben gehen.

Im Perlmutt tritt die mütterliche Seite der Liebe und Fürsorge Gottes deutlich zutage. Die Energie von Perlmutt ist eine sehr anmutige und grazile, denn sie ist gekennzeichnet von Sanftmut, Milde und Zärtlichkeit. Wir fühlen uns wie von einem schützenden, weichen Mantel, der uns behütet auf all unseren Wegen, sanft umhüllt. Uns wird die gleiche Energie in ihrer väterlichen Ausprägung später noch begegnen.

Auf der körperlichen Ebene hilft Perlmutt bei allen Erkrankungen des Immunsystems. Es fördert die Abwehrkräfte in sanfter Weise, also ohne falsche Abwehrreaktionen hervorzurufen. Es wirkt antiallergisch. Wir erkennen die herrliche und wundersame Logik in der Schöpfung und damit in der grenzenlosen Liebe Gottes.

»Nichts kommt an uns heran,
was nicht an Gott vorbeigekommen ist.«
Otto Funcke

Sand

Der Werkstoff der Leichtigkeit

Mein lieber Freund, meine liebe Freundin, wenden wir uns nun dem Werkstoff Sand zu. Sand steht sowohl für das Prinzip der Leichtigkeit des Seins als auch für das Prinzip der Größe im Kleinen. Und dem ist wahrlich so, ist Sand doch in der Lage, Wasser in seine Schranken zu weisen. Sand kann ebenso in den Meeren wie auch in den Wüsten dieser Welt bestehen, also immer unter besonderen und extremen Bedingungen. So stellt er die Größe im Kleinen unter irdischen Bedingungen unter Beweis. Sand ist immer da und dort angezeigt, wo es an Lebensmut, Sinnhaftigkeit und Lebensinhalt fehlt. Er hilft dabei, die unbeschreibliche Größe und tiefe Bedeutung des eigenen Daseins zu erkennen und anzuerkennen.

Wenn ein Mensch sich wertlos, unwichtig und unbedeutend fühlt, öffnet Sand die Augen für die ewige Unersetzlichkeit des eigenen Seins sowohl für sich selbst als auch für die Welt und die ganze Schöpfung. Wie wir bereits an anderer Stelle sagten: Du bist unendlich mehr als irgendein unbedeutendes Salzkorn in einer kosmischen Suppe, von der niemand weiß, wer sie gekocht hat und warum. *(Anm. der Verfasserin: Scherzhaft gesagt.)*

Sand hilft dabei, sich des eigenen Seelenplanes bewusst zu werden. Dies ist immer von großer Freude begleitet, was uns auf direktem Wege zur Leichtigkeit des Seins führt. Sand hilft dabei, leichtfüßiger und leichtlebiger durchs Leben zu gehen. Wie die Sanddünen sich vom Winde verwehen und vom Wasser tragen lassen, so beschwingt tänzelt ein Mensch, der sich seiner selbst, seiner Bedeutung und seines Lebensplanes sicher ist, durchs Leben. In tiefem Vertrauen ›lässt er sich von Gott leben‹ und erfüllt leicht und beschwingt sein Schicksal.

Auf der physischen Ebene hilft Sand gegen jede Art von Infektionskrankheiten. Ein Mensch, der sich seiner Bedeutung bewusst ist, fängt sich nicht jeden dahergelaufenen Virus ein! *(Anm. der Verfasserin: Sehr scherzhaft gesagt.)*

»Der Leichtsinnige kümmert sich nicht einmal
um den morgigen Tag, und ihr wollt ihn mit
der Ewigkeit schrecken?«
Marie von Ebner-Eschenbach

Horn

Der Werkstoff des Stolzes

Meine liebe Freundin, mein lieber Freund, an dieser Stelle wollen wir uns nun dem Werkstoff Horn zuwenden. Die Schutzfunktion des Hornes ist in der gesamten irdischen Fauna wohl unübersehbar.

Wie wir vorhin beim Perlmutt die weibliche Seite des Schutzprinzips kennengelernt haben, so finden wir nun die männliche. Das Horn verkörpert das Prinzip »Ich bin wie ich bin (und das ist gut so!)«, also für bedingungslose Selbstakzeptanz. Hier finden wir jedoch mehr noch als die Akzeptanz, denn der unübersehbare Stolz der Tiere auf ihr Gehörn zeigt deutlich, dass wir es mit Selbstliebe zu tun haben.

Das Horn steht für die Sanftmut in der Väterlichkeit, für die Wehrhaftigkeit der Liebe, für inneren Halt, Schutz und bedingungslose Lebensbejahung. Außerdem steht es für Lebensfreude durch Musik. Wie wir sehen, steht das Horn in seiner vielgestaltigen und hinreißenden Schönheit dem Perlmutt in nichts nach.

Horn ist also immer dann angezeigt, wenn der Mensch sich in tiefen Selbstzweifeln verliert und grämt. Es fördert die Selbstliebe und die Anerkennung des Selbstwertes. Immer dann, wenn der Mensch sich zu wenig Wertschätzung entgegenbringt, kann Horn hilfreich eingreifen. Horn fördert die Freude an der Musik und den Respekt vor den ureigenen Lebensrhythmen. Es steigert den Sinn für die eigene Individualität und die Freude daran. Überdies erhöht es den Spaß an der Kommunikation und zwischenmenschlichen Beziehungen. Horn lässt den Menschen hocherhobenen Hauptes durchs Leben gehen und nichts weniger als das will Gott für seine Kinder.

Auf der körperlichen Ebene steigert Horn die allgemeine Lebensenergie. Wenn der Mensch sich ausgelaugt und geschwächt fühlt, hilft Horn bei der Regeneration. Es wirkt dem Burn-out-Syndrom entgegen. Diese Energie hilft dem Menschen, sein Leben freudig und lustvoll in Angriff zu nehmen. Horn ist ein echter Angstkiller!

Es versteht sich wohl von selbst, dass wir nicht dafür plädieren, dass irgendein Tier sein Leben lassen muss oder man einen Baum fällen muss, um sich seiner Energie zu bedienen. Es ist das Bewusstsein für die Energie, das Euch ihre Nutzbarmachung ermöglicht, und dazu braucht es die materielle Form nicht. Eine Lösung ist nur dann eine Lösung, wenn sie es für alle Beteiligten ist und in der Liebe gibt es keine Risiken und Nebenwirkungen. Wenn eine Methode auch nur einen einzigen Nachteil hat, dann kann sie nicht die richtige sein! Wir verweisen an dieser Stelle gerne noch einmal auf den wichtigen Hinweis zu Beginn dieses Buches.

»Was stört es die Eiche, wenn sich
die Wildsau an ihr scheuert?«
Unbekannt

Ton

Der Werkstoff der Hingabe

Mein lieber Freund, meine liebe Freundin, Ton ist der Werkstoff der Hingabe. Seine Energie folgt dem Prinzip von Geben und Nehmen. Wo gegeben wird, da ist Hingabe an den anderen, wo aber genommen wird, da ist Hingabe an sich selbst. Die Harmonie dieser Kräfte im lebendigen Austausch ist sehr wichtig und kann in ihrer Bedeutung gar nicht hoch genug bewertet werden.

Ton ist immer da und dort angezeigt, wo das Gleichgewicht dieser Kräfte gestört ist. Hier geht es um die Lebensgrundlage der ganzen Welt und der Schöpfung als solche. Der lebendige Austausch von Energien im harmonischen Wechselspiel der Dinge ist der Schlüssel und Motor jeder Entwicklung und der Evolution schlechthin. Ton hilft dabei, sich seiner Bedürfnisse bewusst zu werden und sie einzufordern. Er ist sehr wichtig für Menschen, die sich ständig für andere aufopfern und ihre eigenen Interessen übergehen. Nur wer für seine eigenen Belange einstehen kann, kann sich an andere verschenken, ohne den bitteren Nachgeschmack des Opferns, das immer ein Gefühl der Wut hervorruft.

Ton ermutigt, die Gaben Gottes freudig anzunehmen und sie sich zuzugestehen. Er wirkt dem weitverbreiteten Irrglauben entgegen, nichts Gutes verdient zu haben. Ton befreit dann von Schuldgefühlen, wenn wir uns Genuss gönnen, und hilft dabei, ihn sich von ganzem Herzen und in Dankbarkeit zuzugestehen. Ton entspricht der Energie des

Geldes als solche. Ton kommt sehr gerne zum Einsatz, wenn der Mensch sich in Geldproblemen verstrickt hat. Geld ist die materielle Energieform des Gebens und Nehmens schlechthin. In Band II *Um Gottes willen und um deinetwegen* haben wir ausführlich über diese Energie gesprochen. Geld ist weder gut noch böse, es ist einfach eine Maßeinheit für den Tauschhandel und eine Energie wie jede andere. Wenn diese Energie Euch so ganz besonders am Herzen liegt, dann einfach nur aus dem Grunde, weil Ihr an Mangel glaubt. Ton unterstützt die Erkenntnis, dass wir uns unser Leben nicht im Schweiße unseres Angesichtes ›verdienen‹ müssen. Gott gibt immer nur Geschenke und fordert keine Eintrittskarte für das Leben in der Welt.

Ton wirkt ebenso der Angst vor dem Geldverdienen entgegen wie der Angst vor dem Geldausgeben. Er hilft den Menschen, die sich schuldig dabei fühlen, ihre Arbeit mit Geld honorieren zu lassen, ebenso wie denjenigen, die sich schuldig dabei fühlen, es auszugeben. Geld ist nicht ›unspirituell‹. Wie könnte ein Geschenk Gottes je unspirituell sein? Unspirituell ist lediglich die Art und Weise, wie die Welt damit umgeht. Doch Armut ölt ebenso wenig die Himmelstür wie Reichtum sie verschließt. *(Anm. der Verfasserin: Scherzhaft gesagt.)* Nur dann, wenn wir uns vom Geld hypnotisieren lassen, geht eher ein Kamel durch ein Nadelöhr als ein Reicher ins Himmelreich. An dieser Stelle verweisen wir gerne auf das entsprechende Kapitel in Band II *Um Gottes willen und um deinetwegen*.

Wo Selbstliebe herrscht, da ist die Harmonie der Kräfte zwischen dem Geben und Nehmen automatisch gegeben. Nur was Du Dir selbst zugestehst, kannst Du auch anderen freudig zugestehen. Dem Menschen, der nehmen kann, ist das Geben ein tiefes Bedürfnis. Liebe will sich immer und unfehlbar weitergeben, verschenken und ausdehnen.

Ton hilft ebenso dabei, den eigenen, ganz persönlichen rechten Umgang mit seiner Lebenszeit zu finden. Was fängst Du an mit Deiner Zeit? Wann bist Du für andere da und wann für Dich selbst? Wann genießt Du Deine Arbeit und wann Deine Freizeit? Auch hier herrscht, wie bei der Frage des Geldes, das Prinzip von Geben und Nehmen. Auch hier verweisen wir auf das entsprechende Kapitel in unseren zweiten Botschaften.

Auf der körperlichen Ebene ist Ton angezeigt bei jeder Art von Stoffwechselproblemen. Er unterstützt und fördert die gesunde Verdauung.

»Was man liebt,
lässt man nicht ungetan.«
Franz von Baader

Kristall

Der Werkstoff der Klarheit

Meine liebe Freundin, mein lieber Freund, kommen wir nun zum Werkstoff der Klarheit, dem Kristall. Die Energie von Kristall ist eine sehr erhebende und wunderschöne. Sie folgt dem Prinzip von absoluter Harmonie, Einheit, Ausgewogenheit. Klarheit ist alles, denn wenn der

Mensch sich über sich selbst im Klaren ist, dann ist er mit sich selbst im Reinen. Wer aber mit sich selbst im Reinen ist, der hat alles Leid und Elend hinter sich gelassen. Kristall fördert die Selbsterkenntnis, denn es schafft Klarheit darüber, wer und was Du bist.

Selbsterkenntnis ist nicht etwa eine von vielen Formen der Erkenntnis, sie ist die einzig mögliche! Wer sich selbst erkannt hat, der erkennt Alles-was-Ist. Sowie Du Dich selbst als reine Liebe erkennst, hast Du Gott als reine Liebe erkannt, denn das Wesen des Geschöpfes zeigt das Wesen seines Schöpfers. Wie kannst Du etwas anderes sein als Er, kann es doch nichts geben, das außerhalb von Gott sein könnte. Alles-was-Ist ist, was der Name sagt. Punktum. *(Anm. der Verfasserin: Scherzhaft gesagt.)*

Kristall fördert die Einheit mit Gott, weil es die Einheit zwischen Deiner menschlichen Seite mit Deiner göttlichen unterstützt. Es fördert die Erkenntnis, dass Dein Höheres Selbst immer nur einen winzigen Liebeshauch, einen klitzekleinen Liebesgedanken weit von Dir entfernt ist. Kristall schärft die Sinne für die Wahrnehmung Deiner Einheit mit allen Mitmenschen, der Natur und der ganzen Schöpfung. So Du Deinen eigenen göttlichen Kern wahrnehmen und anerkennen kannst, so offenbart er sich Dir auch im Nächsten und in allem, was sich Deinem Auge erschließt.

Auf der psychologischen Ebene ist Kristall immer da und dort angezeigt, wo es an Harmonie und Ausgewogenheit der Kräfte fehlt. Wenn ein Mensch sich innerlich zerrissen und im Zwiespalt fühlt, kann Kristall hilfreich eingreifen. Kristall schafft Klarheit auf allen Ebenen. Wenn Du Dir nicht darüber im Klaren bist, was Du wirklich willst, ist

Kristall das Mittel der Wahl. So fördert es zielstrebiges und konsequentes Denken und Handeln. Es bringt den Menschen in Einklang mit sich selbst. Der Mensch verirrt, verzehrt und verausgabt sich nicht länger in kräftezehrenden und aufreibenden Irrwegen.

Die Energie von Kristall ist der des Wassers nahe verwandt. Auf der anatomischen Ebene heilt es alles, was mit dem Flüssigkeitshaushalt des Körpers zu tun hat. Da Kristall die Energie der Klarheit ist, wirkt es sich besonders wohltuend auf die Nieren aus. Der spirituellen, emotionalen und geistigen Entgiftung folgt die physikalische auf dem Fuße. Na, wenn das keine Problemlösung ist!

»Das höchste Gut ist die Harmonie
der Seele mit sich selbst.«
Lucius Annaeus Seneca

Stroh

Der Werkstoff der Behutsamkeit

Mein lieber Freund, meine liebe Freundin, Stroh ist der wundervolle und hinreißende Werkstoff der Behutsamkeit. Die Energie von Stroh umfasst die Aspekte ›Nahrung, Wärme, Kindheit, der Zauber des Anfangs‹. Diese Energie ist eine unendlich sanftmütige und warmherzige. Auf sehr milde Art hilft Stroh in schwierigen Zeiten der

Veränderungen und Umwälzungen, dem Zauber des Neuanfangs zu vertrauen und sich ihm mit Freuden und gespannter Erwartung hinzugeben. Stroh macht Lust auf das Neue, denn es fördert die vertrauensvolle kindliche Neugier. Weil Stroh ebenso dem Nahrungsprinzip folgt, fördert es die Zuversicht darin, dass auch in der kommenden Zeit immer und unfehlbar für alles gesorgt ist, was es braucht.

Die Energie von Stroh ist eine sehr weiche und stille und dennoch unsagbar kraftvolle. Nie tritt die Macht der Behutsamkeit so deutlich zutage wie hier. Sie ist sozusagen die Energie der ›leisen Sohlen‹. Die Energie von Stroh umhüllt uns mit liebvoller Wärme, die dem kindlichen Vertrauen in die Liebe und Fürsorge der Eltern entspringt. Wir fühlen uns weise geführt, sanft geleitet und geduldig und liebevoll belehrt.

Die Energie von Stroh ist regelrecht hinreißend und unwiderstehlich in ihrem Liebreiz. Stroh ist immer dann vonnöten, wenn wir uns in Zeiten einer Lebenskrise von Gott verlassen und alleingelassen fühlen. Stroh ermöglicht uns, uns wieder vertrauensvoll in Gott fallen zu lassen. Wir können uns dann von Ihm durch die schwere Zeit tragen lassen und schöpfen neue Lebenskraft. Hier kommt erneut das Thema ›Nahrung‹ zur Sprache, denn Gott gibt immer, was es braucht.

Stroh schärft unser Bewusstsein dafür, dass es immer eine starke Schulter zum Anlehnen für uns gibt, und für unseren unfehlbaren inneren Ratgeber in Zeiten der Not und Bedrängnis. Damit wirkt Stroh sehr besänftigend und beruhigend auf das Gemüt, es nimmt die Last der Existenzängste von unseren Schultern und fördert das Urvertrauen in hohem Maße. So viel zur spirituellen Ebene der Dinge.

Auf psychologischer Ebene hilft Stroh, wenn wir den Zugang zu unserem inneren Kind verloren haben. Scheinbar verschüttete, unbewusste Wege eröffnen sich uns wieder und zeigen neue Möglichkeiten der Heilung auf. Stroh ist der Werkstoff der Psychotherapie. In sanfter und umsichtiger Weise fördert es unbewusste und verdrängte Kindheitstraumata zutage, sodass sie angesehen, bewältigt und überwunden werden können. Somit ist Stroh der Werkstoff der Bereinigung und schließlich der Befriedung mit sich selbst und seinem ganzen bisherigen Leben. Wer mit seiner Vergangenheit im Reinen ist, der kann unbelastet und unbeschwert in die Zukunft gehen.

Hier kommt nun der spielerische Aspekt der Strohenergie zum Vorschein. Stroh hilft dabei, das Leben spielerischer und mit einer großen Portion Abenteuerlust anzugehen. *(Anm. der Verfasserin: Herrliche Aussichten! Regulus lacht herzlichst.)* Das Erwachsenendasein ist nichts als die logische Fortsetzung der Kindheit. Stroh fördert den naht- und schmerzlosen Übergang und vor allem die Aussöhnung beider Wesensanteile im Menschen. Man fühlt sich nicht länger zwiegespalten. Stroh besänftigt pubertäre Ängste und macht die Zeit des inneren Auf- und Umbruchs sanfter und harmonischer. Generationskonflikte werden als Bereicherung erlebt und erfahren und nicht länger als Bedrohung und Kampf.

Alten Menschen hilft Stroh, spielerisch mit den Lebenserfahrungen zu experimentieren und die Angst vor dem Tod zu überwinden, weil es das Urvertrauen in Gott bekräftigt. Kindern hilft Stroh schließlich bei jedweder Art von Problemen, die sich der empfindsamen kindlichen Seele stellen. Stroh ist der Werkstoff der glücklichen, unbeschwerten Kindheit.

Auf anatomischer Ebene hilft Stroh bei der Zellerneuerung. Diese Energie ist der Fruchtbarkeit des Mannes und der Fruchtbarkeit und Schwangerschaft der Frau sehr förderlich.

»Durch Sanftmut wirst du mehr gewinnen
als durch Gewalt und Ungestüm.«
Jean de la Fontaine

Porzellan

Der Werkstoff der Reinheit

Meine liebe Freundin, mein lieber Freund, nun wollen wir uns ein wenig näher ansehen, was es mit dem Werkstoff Porzellan auf sich hat. Die Energie von Porzellan ist eine sehr erhabene und Ehrfurcht gebietende. Es ist die Energie der absoluten Reinheit. Sie folgt dem Ewigkeitsprinzip. Ihre Themen sind die ›ewige Beständigkeit der Liebe Gottes, die Unendlichkeit, die sichere Einbettung im ewigen Leben‹. Aber auch ›Chance‹ und ›Neubeginn‹ gehören zu ihrem Themenspektrum.

Wer sich der ewig bedingungslosen Liebe Gottes bewusst ist, der geht mit einem zutiefst begründeten und unerschütterlichen Gefühl von absoluter Sicherheit durch sein Leben. In dieser tiefen Sicherheit ruhend, kann der Mensch alle Chancen, die das Leben ihm bietet, freudig erkennen und ergreifen. Aus dieser Position heraus ist der Mensch jederzeit und ständig zum Neubeginn bereit, erkennt er doch, dass jeder Neubeginn doch immer nur ein weiteres Fortschreiten ist und dass es niemals weder Stillstand noch Rückschritt geben kann.

Die Porzellanenergie söhnt uns mit dem Leben aus wie keine andere, denn sie öffnet unsere Sinne für die Ewigkeit und versöhnt uns somit voll und ganz mit dem physischen Tod. Porzellan ist immer da und dort vonnöten, wo es an Gottvertrauen fehlt. Niemand kann dem vertrauen, den er fürchtet. Porzellan heilt die Angst vor Gott, weil wir nunmehr erkennen, dass es den Tod nicht wirklich gibt und geben kann. Was liebt, das tötet nicht! *(Anm. der Verfasserin: Mit Nachdruck!)*

Porzellan hilft uns, die übergeordnete Wirklichkeit der Dinge zu erfassen und die Wahrheit hinter den äußeren Erscheinungen zu erkennen. Weil es die Angst vor dem Tode nimmt, öffnet Porzellan die Augen für die Schönheit des Alters.

Aus psychologischer Sicht fördert Porzellan die Anerkennung des eigenen Lebens als ein ›Gesamtkunstwerk‹. Diese Energie fördert die Demut und den Respekt vor der eigenen Person zutage. Porzellan hilft Menschen, die sich selbst nicht ernst nehmen und im Stich lassen. Es fördert den liebevollen und sorgsamen Umgang mit sich selbst in allen Lebensbereichen. Porzellan öffnet die Augen für die Würde der eigenen Person und damit für die Würde jedes Mitmenschen und aller Kreatur gleichermaßen. Porzellan schärft die Sinne für die unermessliche Größe des gesamten

Schöpfungsplanes und für die eigene tragende Rolle darin. Die über jeden Zweifel erhabene eigene Unentbehrlichkeit im Plane Gottes wird erkannt und diese Erkenntnis ist immer von einem tiefen Glücksgefühl begleitet. Nun kann sich ein nicht minder tiefer innerer Frieden einstellen. Scherben bringen bekanntlich Glück – und dem ist in der Tat so. *(Anm. der Verfasserin: Scherzhaft gesagt.)* Wenn aller Irrglaube und aller Zweifel über die Liebe Gottes zu einem inneren Scherbenhaufen zusammenbrechen, dann bleiben nur noch Glück und Frieden und nichts als Glück und Frieden.

Auf der biologischen Ebene fördert Porzellan die Befreiung von jeder Art von Sucht. An dieser Stelle verweisen wir auf das entsprechende Kapitel in unseren zweiten Botschaften. Das Wort ›Sucht‹ kommt von ›suchen‹. Wie wir deutlich gemacht haben, hilft Porzellan dem Menschen dabei, das zu finden, wonach er wirklich sucht. Was, wenn nicht vollkommene Liebe, könnte es zu suchen und zu finden geben? Somit unterstützt Porzellan jegliche Form der Suchtentwöhnung. Was gefunden ist, das braucht nicht mehr gesucht zu werden. Die Porzellanenergie hilft mit sehr machtvoller und doch sehr sanfter Hand. Wie wir zu betonen nimmer müde werden: Es gibt keinen Ersatz für Liebe! Was die Liebe Gottes bewerkstelligen kann, ist schier unvorstellbar. Wer nicht an Wunder glaubt, ist kein Realist!

»Unendlichkeit kann nur ein Wesen ahnen,
das zur Unendlichkeit erkoren.«
Christoph August Tiedge

Salz

Der Werkstoff der Verbindung

Mein lieber Freund, meine liebe Freundin, an dieser Stelle dieses Kapitels wollen wir uns nun dem Salz zuwenden. Salz ist lebens- und überlebensnotwendig. Salz ist in der Erde und in den Meeren. Salz ist in eurem physischen Körper, wo es das lebensnotwendige Wasser speichert. Salz speichert Wasser und dieses herrliche Zusammenspiel der Natur ist von ganz besonderer Bedeutung.

Salz ist das Bindeglied zwischen der materiellen und der geistigen Welt. Salz ist der Stoff, der alles zusammenhält. Es ist sozusagen die materielle Nabelschnur zwischen den Welten und verbindet das Sichtbare mit dem Unsichtbaren.

Salz ist immer da und dort angezeigt, wo der Mensch seine spirituellen Wurzeln vermisst und eine leidige Trennung zwischen sich selbst und der geistigen Welt verspürt. Es hilft dabei, den Kontakt mit seinem Höheren Selbst, seinen Geistführern und anderen Lichtwesen zu optimieren und die Dinge wieder harmonisch in Fluss zu bringen. Auch die Anbindung an die eigenen ätherischen Körper wird verbessert. Salz bringt sie in Einklang und Harmonie miteinander. Somit ist Salz für das allgemeine Wohlbefinden unabdingbar. Es unterstützt hilfreich das Gebet, der Mensch fühlt seinen Ruf gehört und verstanden.

Psychologisch betrachtet hilft Salz bei einer Überidentifikation mit dem physischen Körper. Es vermittelt allem den Stellenwert, den es wirklich hat. Salz schafft einen gesunden geistigen Abstand zu physischer Erkrankung, was wiederum die Heilung beschleunigt. Der Körper ist materialisierte Seele! Nicht mehr, nicht weniger. Was sonst könnte er sein? Somit schärft Salz das Bewusstsein dafür, den Körper zu pflegen, zu ehren und zu achten, bis dass der Tod Euch scheidet. *(Anm. der Verfasserin: Scherzhaft gesagt.)*

Salz ist ein Schönheitselixier und Jungbrunnen, es fördert die Eitelkeit und damit den Stolz auf die Schönheit der Schöpfung Gottes. Im Umgang mit dem physischen Körper verweisen wir an dieser Stelle erneut ausdrücklich auf unsere zweiten Botschaften, wo wir erörtert haben, dass es unmöglich ist, die Selbstliebe zu mehren, indem man sich Liebloses antut. Wie wir am Phänomen der physischen Erkrankung deutlich sehen, ist der Körper das Schlachtfeld des Ego. Doch sehr viel mehr als das ist er die Spielwiese Gottes. Er ist heiliges Werkzeug des Lebens und ein unerklärliches und geheimnisvolles Geschenk Gottes an sich selbst und seine Schöpfung.

Auf physikalischer Ebene sind Salz- und Wasserhaushalt des Körpers eng miteinander verwoben. Dies ist Garant für Gesundheit und Wohlbefinden. Euren Nahrungsmitteln ist sehr viel Salz zugesetzt. Ihr dürft getrost sparsam damit umgehen.

»Wir werden die Welt verstehen,
wenn wir uns selbst verstehen.«
Novalis

Leder

Der Werkstoff der Harmonie

Meine liebe Freundin, mein lieber Freund, an dieser Stelle möchten wir nun eure geschätzte Aufmerksamkeit auf das Leder lenken, den Werkstoff der Harmonie. Wie kein anderer Stoff, so steht Leder für ein harmonisches, friedfertiges und erfüllendes Beieinander und Miteinander.

Leder ist der Werkstoff der Bereicherung durch zwischenmenschliche Beziehungen. Es wirkt sich aber ebenso günstig auf die Kommunikation mit der irdischen Flora und Fauna aus. Leder ist fest, stabil und formbeständig. Dennoch ist es dehnbar. In diesen wunderbaren Eigenschaften zeigt sich die Lederenergie in ihrem ganzen Potenzial.

Zwischenmenschliche Beziehungen sind immer da und dort fruchtbar, wo man sich die Eigenschaften von Leder zu eigen macht. Leder fördert die Akzeptanz der Andersartigkeit des Nächsten, es fördert die Toleranz, ohne dass die Liebe und das Verständnis dabei verloren gehen. Leder öffnet für neue Sichtweisen und ermöglicht somit neue Wege.

Auf der psychologischen Ebene erhöht Leder die Bereitschaft, in inneren Nischen und Ecken nachzusehen, die man zuvor furchtsam gemieden hat. Es fördert den Blick ins Unbewusste und hilft dabei, Konflikte und Probleme aufzudecken, um sie dann der Lösung und Heilung zu überführen. Leder unterstützt das Traumbewusstsein, das den Königsweg zum Unbewussten weist. Leder ist der Werkstoff der Anpassung an die Wirklichkeit, da es dem

Unbewussten auf den Grund geht. Auf der spirituellen Ebene der Dinge fördert Leder die harmonische Beziehung zu Gott und erleichtert den Zugang zur Engelebene. Diese Energie wirkt harmonisierend auf jede Art von Beziehung und unterstützt das Gebet.

Auf der anatomischen Ebene wirkt die Lederenergie heilsam und unterstützend bei jeder Art von Heilungsprozess, der die Haut betrifft. Es ist anschmiegsam, dehnbar und wärmeregulierend, ganz so, wie auch die menschliche Haut. Bei Hauterkrankungen ›erinnert‹ Leder die Haut an ihren natürlichen, gottgegebenen Zustand und erhöht ihre Sensibilität als herrliches Sinnesorgan in wundersamer Weise. Die Lederenergie macht feinfühliger auf spiritueller, psychologischer und physischer Ebene. Dieser Wirkung liegt ihr Bereicherungspotenzial zugrunde.

»Viele, verschieden gestimmte
Saiten geben erst Harmonie.«
Joseph von Eichendorff

Gras

Der Werkstoff der Ruhe

Mein lieber Freund, meine liebe Freundin, in unseren Erörterungen über die Gaben der Erde wollen wir uns nunmehr der schier endlosen Vielfalt der Gräser zuwenden. Gras ist der Werkstoff der Ruhe, der inneren Stille und Besinnlichkeit.

Die Energie der Gräser ist eine sehr stille, sanftmütige, weise und vor allem sehr robuste. Sie folgt dem Prinzip der Gelassenheit und des Getrost-Geschehenlassens. Auf der spirituellen Ebene ist Gräserenergie immer da und dort angezeigt, wo es an innerem Frieden und Gleichmut mangelt. Wenn der Mensch in Aufruhr ist und aufgebracht gegen Gott, kann Gras hilfreich eingreifen. Es führt den Menschen zurück zu seiner eigenen inneren Mitte und damit auch zu seinem einträchtigen Verhältnis zu seinem Schöpfer. Das frische Grün der Gräser wirkt gleichermaßen belebend wie beruhigend auf das Herz und besänftigt das aufgebrachte Gemüt und den aufgewühlten Geist. Ein Spaziergang barfuß durchs Gras wirkt wie Balsam für Körper, Geist und Seele gleichermaßen.

Auf der psychologischen Ebene wirkt die Grasenergie ebenso beruhigend, wenn es um die Beziehung zu sich selbst oder seiner Umwelt geht. Diese Energie schärft den Sinn für die Wohltaten des Friedens und lässt Aussöhnung anstreben. So kann der Mensch nicht nur sich selbst gelassener entgegentreten, sondern auch seinem Nächsten. Die Energie der Gräser unterstützt den Spieltrieb beim Kind wie beim Erwachsenen. Außerdem fördert sie den Wagemut bei Prüfungsängsten und dergleichen. Das wunderbare Geheimnis dieser Energie liegt in ihrer sehr hohen Anpassungsfähigkeit an äußere Gegebenheiten. Daraus resultiert ihre Gelassenheit und Robustheit. Gräser sind äußerst widerstandsfähig gegen Witterungseinflüsse, weil sie extrem biegsam sind. Die Gräser sind die ›Stehaufmännchen‹ in der Botanik.

Auf der physischen Ebene kommen sie immer dann zum Einsatz, wenn Überforderung herrscht, die oft zu Infektionskrankheiten führt. In Stresssituationen beruhigt sie und wirkt zu hohem Blutdruck hilfreich entgegen. Wir werden an späterer Stelle noch auf die Grasenergie in ihrer Form als Heu zurückkommen.

»Die höchste Krone des Helden
ist die Besonnenheit mitten
in Stürmen der Gegenwart.«
Jean Paul

Getreide

Der Werkstoff der Eleganz

Meine liebe Freundin, mein lieber Freund, über Stroh sprachen wir bereits. An dieser Stelle unserer Betrachtungen wollen wir uns nun den vier in Westeuropa bekannten Getreidesorten Hafer, Gerste, Weizen und Roggen widmen, die wir unter dem Sammelbegriff ›Getreide‹ verstehen und zusammenfassen.

Getreideenergie ist die Energie der Eleganz schlechthin. Sie ist eine sehr weibliche und harmonische. Getreideenergie folgt den Prinzipien von Schönheit, Anmut und Brillanz. Wie keine andere Energie versteht sie es, das Schöne mit dem Nützlichen zu verbinden. Somit steht Getreide sowohl für Schönheit und Eleganz als auch für Nahrung und Sättigung.

Getreide ist die Diva unter den Nutzpflanzen. Auf der spirituellen Ebene öffnet Getreide den Blick für die Schönheit von Gläubigkeit und Gebet. Da rechtgeleitete Spiritualität immer nur Liebe sein kann, ist sie Nahrung für die Seele. Spiritualität ist geistige und emotionale Schönheit. Getreideenergie schärft die Sinne für die Schönheit des Göttlichen mit seiner allgegenwärtigen Liebe. Ebenso führt sie zur Anerkennung der Anmut des eigenen liebenden Herzens. So stärkt und bekräftigt diese Energie Selbstwert und Selbstliebe.

Auf der psychologischen Ebene glättet und besänftigt Getreide die Wogen der Selbstverachtung und wirkt Minderwertigkeitsgefühlen entgegen. Es fördert den liebenden

Blick auf das Selbst in all seiner herrlichen Individualität. Getreideenergie hilft bei jeder Art von Selbstwahrnehmungsverzerrungen, insbesondere bei jenen, die mit Essstörungen einhergehen. Hier kann es korrigierend eingreifen und den Sinn für die eigene Schönheit erneut in den Mittelpunkt der Wahrnehmung rücken. Da es den liebenden Blick auf die eigene Persönlichkeit fördert, wirkt es heilerisch und therapeutisch auf allen Seinsebenen.

»Eleganz ist ungezwungen,
Geste einer gehobenen Seele.«
Sully Prudhomme

2. Die geistigen Attribute der Metalle:

Gold

Das Metall der Liebe

Meine liebe Freundin, mein lieber Freund, wenden wir uns nunmehr von der unerschöpflichen Vielfalt der Gaben Gottes anderen Geschenken zu, den Metallen. Die irdischen Bodenschätze tragen ihren Namen vollkommen zu Recht. Kein anderes Edelmetall hat die Menschheit, und nicht nur die Menschheit, seit jeher so fasziniert und in seinen Bann gezogen wie das Gold.

Seit der Mensch denken kann, galt und gilt es als Zahlungsmittel, das jeder wirtschaftlichen Krise trotzt. Nun, wie wir wissen, haben die Dinge aus sich selbst heraus keinen Wert, sondern den, den wir ihnen zugestehen und bemessen. Warum ist dann ausgerechnet Gold so wertbeständig und stabil?

Kein anderes Metall reflektiert so schön und naturgetreu das gelbliche, warme und lebensspendende Licht der Sonne. Der geheimnisvoll strahlende Glanz des Goldes berührt und bewegt die menschliche Seele auf sehr tiefer Ebene. Die erhabene Schönheit des Goldes ist unübertroffen und unübertrefflich. Nicht zufällig ist Gold neben Silber das beliebteste und meistverarbeitete Metall für Schmuck aller Art.

Gold steht für Wohlstand, Reichtum und Gesundheit. Es steht für Ehre, Erhabenheit, Selbstwert und Lebensfreude. Gold steht für die Liebe selbst! Das – und nur das – macht es so einmalig und einzigartig. Die licht- und wärmespendende Sonne, ohne die kein Leben auf der Erde möglich wäre, ist sozusagen das planetarische Pendant zum Gold.

Viele Urvölker und Hochkulturen beteten Gott an in seinem größten und erhabensten Geschenk, das er den Menschen auf Erden gemacht hat: in der Sonne selbst mit ihrem Licht und ihrer Wärme. So repräsentiert Gold das Leben selbst und alles, was es dazu braucht. Es symbolisiert das Leben in seiner schönsten und großartigsten Version, in seiner ganzen Fülle, materiell wie auch spirituell. So wie die Liebe die alles belebende und tragende Kraft im Leben des Menschen ist, so ist sein Knochengerüst das tragende Element des physischen Körpers. Die positive und wohltuende Wirkung von Gold auf das menschliche Knochengebäude ist bereits erkannt und findet Anwendung, wenn auch noch in bescheidenem Umfang.

So wie die Sonne das weibliche Gottesprinzip der Liebe darstellt und repräsentiert, so symbolisiert der Mond das männliche Gottesprinzip der Liebe. Und somit kommen wir vom Gold und dem goldenen Sonnenlicht zum Silber und zum silbernen Licht des Mondes.

»Es ist doch erstaunlich, was ein
einziger Sonnenstrahl mit der Seele
des Menschen machen kann.«
Fjodor Michailowitsch Dostojewskij

Silber

Das Metall des Vertrauens

Mein lieber Freund, meine liebe Freundin, kein Edelmetall ist in dieser Welt wohl so sehr verkannt und unterbewertet wie das Silber. Das planetarische Pendant zum Silber ist der Mond, der mit seinem wundervollen fahlen, weißen Licht den dunklen Nachthimmel erleuchtet und krönt. In vornehmer Zurückhaltung erstrahlt er in elegant mattem Glanz am nächtlichen Himmel.

Wie wir gesehen haben, steht der Mond symbolisch für das männliche Gottesprinzip. Er repräsentiert die scheueste aller Lieben in dieser Welt: die Vaterliebe. Dieser sanften Scheu liegt die Unterbewertung des Silbers zugrunde. Der Mond, wie auch das Silber, stehen für Trost, Halt, Verankerung und Sicherheit. Das tröstliche, beruhigende Licht des Mondes erinnert uns in der Dunkelheit der Nacht daran, dass die Sonne immer gegenwärtig ist und dass es für uns immer ein Morgen gibt. Immer wieder geht die Sonne auf und das Mondlicht flüstert uns zu, dass wir auch in schweren Lebensstunden sicher eingebettet sind in der Liebe Gottes.

So stehen der Mond und sein irdisches Pendant, das Silber, für die männliche Seite der Liebe: für Schutz, Versorgung, Engagement, Mut, für Treue und absolute Vertrauenswürdigkeit. Der Mond reflektiert das Sonnenlicht und schenkt uns unumstößliche Gewissheit, dass die Sonne auch dann noch vorhanden ist, wenn sie aus unserem Wahrnehmungsbereich verschwunden ist. So wie die Sonne und der Mond eine wundervolle und erhabene Einheit bilden, so sind in dieser Welt auch das Gold und das Silber miteinander verbunden. Nicht zufällig waren die Preise für Silber immer schon an die Goldpreise gekoppelt. Jetzt, wo wir den Dingen auf den Grund gehen und genau hinsehen, um zu erfahren, was die Dinge wirklich sind, wird uns bewusst, dass auch Silber seinen Wert als Zahlungsmittel niemals verlieren kann.

So wie Gold sich segensreich und heilsam auf das Knochengerüst auswirkt, so wirkt Silber, das Metall des Vertrauens, in wundersamer Weise auf das Herz. In blindem Vertrauen darauf, dass jedem Herzschlag der nächste folgt, lebt der Mensch in tiefem Urvertrauen auf das Leben selbst und auf die Liebe seines himmlischen Vaters. Der matte, vornehm zurückhaltende und edle Glanz des Silbers zieht die Menschen in seinen Bann und verbildlicht die Anmut, Grazie und alle Schönheit männlicher Liebe schlechthin.

»Vertrauen ist eine Oase des Herzens,
die von der Karawane des Denkens
nie erreicht wird.«
Khalil Gibran

Messing

Das Metall der Schönheit

Meine liebe Freundin, mein lieber Freund, Messing ist eine Legierung aus Kupfer und Zink. Kaum ein Metall ist so edel, vornehm und erhaben in seiner Ausstrahlung wie Messing. Der mattgoldene Glanz verbindet vornehme Zurückhaltung in vollkommener Harmonie mit erhabener Größe.

Messing symbolisiert die harmonische Ausgeglichenheit und wundersame, vollkommene Einheit des männlichen und weiblichen Liebesaspektes. Da nichts je schöner sein kann, ist Messing das Metall der Schönheit. Das ihm zugeordnete kosmische Pendant ist die Venus, der Planet der Liebe. Erst in der harmonischen Verschmelzung ihrer männlichen und weiblichen Aspekte tritt die unermessliche Schönheit der Liebe zutage. Nur in dieser Einheit sind wir vollständig und ganzheitlich. Was aber vollständig und ganz ist, kann nur schön sein. So steht Messing für Bescheidenheit, Spiritualität und Gottesfurcht gleichermaßen. Hier wird die erhabene Größe des eigenen Seins in aller Bescheidenheit angenommen und gelebt.

Als logische und unausweichliche Konsequenz schärft Messing die Sinne für die Nächstenliebe. Das körperliche Gegenstück zum Messing sind die Lungen. In der erhabenen Schönheit des immerwährenden Kommens und Gehens, des Ein- und Ausatmens, spiegelt sich die ewige Gültigkeit der Liebe Gottes. Wir atmen reine Liebe ein und aus und ›übersetzen‹ sie in gelebtes Leben. So ist Messing angezeigt bei jeder Art von Lungenleiden. Desgleichen wirkt Messing wie Balsam für die Seele, wenn es um Liebeskummer jeder Art geht, weil es die Rückbesinnung auf die Vollständigkeit der Liebe anregt. Wo Liebe aber vollständig ist, da kann niemals etwas fehlen, denn dort herrscht ewig vollkommene Harmonie. So steht Messing für die harmonische Beziehung zwischen Eltern und Kindern wie auch für die vollkommene Liebe zwischen Mann und Frau.

Es steht ebenso für die liebevolle Beziehung des Menschen zu seiner natürlichen Umwelt, für das liebevolle Verständnis zwischen aller Kreatur – eben immer und überall, wo die Liebe in Beziehung tritt. Messing hilft somit beim harmonischen Ausgleich zwischen männlichen und weiblichen Wesensaspekten in der eigenen Psyche.

Auf der Körperebene ist dies vergleichbar damit, wie beide Lungenflügel völlig harmonisch und in perfekter Synchronizität miteinander arbeiten. Auch die Liebesbeziehung zwischen dem Menschen und seinem himmlischen Vater wollen wir an dieser Stelle nicht außer Acht lassen.

»Durch das Schöne wird die Sinnlichkeit
des Menschen geadelt.«
Christian Oeser

Kupfer

Das Metall der Hoffnung

Mein lieber Freund, meine liebe Freundin, Kupfer ist das Metall der Hoffnung. Es ist das ›Schutzmetall‹ alter Menschen und steht für Altersweisheit und Lebenserfahrung. Kupfer wirkt unterstützend dabei, die Hoffnung auf das ewige Leben zu tiefer, innerer Gewissheit zu transformieren. Somit fördert und erleichtert Kupfer den sanften und gelassenen Übergang von irdischen Gefilden zurück in unser aller geistige Heimat.

Kupfer hilft immer da und dort, wo es an innerem Frieden fehlt. Es schärft den Blick für die tiefe Sinnhaftigkeit in allem Geschehen und fördert die Befriedung mit dem Status quo. Aus diesem Grunde ist Kupfer das Metall der Hoffnung, die schließlich in innere Gewissheit mündet. Wo aber die Hoffnung zur Gewissheit wird, da hat alles Bangen ein friedvolles Ende. In dem Maße, in dem Altersweisheit und Lebenserfahrung geehrt werden, gelangt auch Kupfer in dieser Welt zu neuen Ehren. Das kosmische Pendant zum Kupfer ist der Planet Merkur. Unaufdringlich wie die Altersweisheit selbst, steht er in stiller Sanftmut und Gelassenheit am Himmelszelt.

Das körperliche Pendant zum Kupfer sind die Nieren. Bei Nierenproblemen ist es angezeigt, auf die Harmonie zwischen männlichen und weiblichen Wesensaspekten zu achten, weil hier oftmals ein Ungleichgewicht herrscht. Der alte Mensch hat sowohl männliche als auch weibliche Wesensanteile gelebt. Im Laufe eines langen Lebens hat er gelernt, loszulassen und immer wieder Abschied zu nehmen. Der alte Mensch hat sich zunehmend dem natürlichen Fluss des Lebens hingegeben, dem immerwährenden Wandel, aus dem sich stetig neues Leben ergießt. So ersteht Alt aus Jung und Jung aus Alt, in ewigem göttlichen Wechselspiel des Seins.

Je mehr der Mensch mit der Endlichkeit seines Lebens konfrontiert wird, desto klarer und deutlicher begreift er seine Unendlichkeit. Die Altersweisheit lernt von der Unbefangenheit und der Unvoreingenommenheit des jungen Seins und die Jungen lernen aus der Lebenserfahrung des Alters. Das Leben als solches ist ewiges, nie endendes Wachsen und Werden. Es ist ein krasser Trugschluss, den späten Jahren des Lebens dies absprechen zu wollen.

»Teure Hoffnung, du bist schon
ein Anfang der Glückseligkeit,
die du versprichst.«
Christoph Martin Wieland

Bronze

Das Metall des Glaubens

Meine liebe Freundin, mein lieber Freund, Bronze ist eine Legierung aus Kupfer und Zinn. Es steht für Beständigkeit, für ein wahres und echtes Wertebewusstsein und vor allem für den Glauben. Nicht zufällig wird es seit jeher zur Glockengießerei genutzt.

Das physische Pendant zur Bronze ist das Gehirn. Weil Glaube eine Frage der rechten Wahrnehmung ist, hilft Bronze bei allen Leiden, die mit der Sinneswahrnehmung zu tun haben. Es fördert die Beständigkeit und die sichere Einbettung im Glauben. Bronze schärft die inneren Sinne für wirkliche Werte und führt so zu zielstrebigem Handeln, das immer zum Erfolg führt. Beständigkeit im Glauben zieht Beharrlichkeit und Geduld im Handeln nach sich.

Bronze hilft in schwierigen Zeiten über quälende Glaubenskrisen und Zweifel hinweg und hilft somit, leichtfüßig und leichtlebig durch das Leben zu gehen und sich von Gott tragen zu lassen. Der Glaube, der einer tiefen inneren Gewissheit gleichkommt, ist tatsächlich in der Lage, Berge zu versetzen. Er hilft über innere wie auch über äußere Hürden und Blockaden hinweg und macht das Leben zu einem leichtfüßigen Tanz.

Der Glaube ist der Treibstoff des Lebens, das in der Liebe seine vollkommene Erfüllung findet. Bronze fördert das feine Gespür für die Nähe zu Gott und wirkt daher tröstlich. In Stunden tiefer Einsamkeit ist Bronze angesagt. Der süße Klang einer Glocke rückt Gottes Ruf nach seinen Kindern zurück ins Bewusstsein und geleitet uns akustisch zurück zu unserem himmlischen Vater in unsere göttliche Heimat.

Das planetarische Pendant zur Bronze ist der Uranus. In leuchtendem Türkis, der Farbe der Toleranz, erstrahlt er am Himmelszelt. Was braucht diese Welt denn mehr als Toleranz in Glaubensfragen? Seine Größe und Erhabenheit erinnern uns an die Nichtigkeit der irdischen Belange, in denen wir uns nur allzu häufig verlieren. Wie wir bereits festgestellt haben, schärft Bronze die Sinne für wirkliche Werte.

»Das meiste,
dessen der Mensch gewiss ist,
kennt er durch den Glauben.«
Lucius Annaeus Seneca

Platin

Das Metall der Handlung

Mein lieber Freund, meine liebe Freundin, Platin ist das Metall der Handlung. Es steht für aktives, kraftvolles und eigenverantwortliches Handeln. Somit ist es dem männlichen Seinsprinzip zuzuordnen, das in harmonischer Vereinigung mit dem weiblichen Prinzip des passiven Annehmens und Geschehenlassens steht. Die kosmische Entsprechung von Platin ist der Planet Mars. Der silbrig weiße, metallische Glanz von Platin wirkt sehr edel und ist dem matten Silberglanz sehr ähnlich und nahe verwandt.

Die Energie von Platin ist eine sehr reife, von Lebenserfahrung geprägte Energie. Platin fördert ein in sich selbst ruhendes, zielstrebiges Handeln auf jeder Ebene, im Außen wie im Innen. Es steht für die unverwüstliche Beständigkeit und ewige Schönheit der männlichen Liebe.

Das physische Pendant zum Platin ist die Leber, das Entgiftungsorgan. Platin hilft bei jeglicher Art von Entgiftung, physisch wie psychisch – eben immer dann, wenn es an der Zeit ist, zu handeln und die Dinge in Angriff zu nehmen. Platin hilft bei der Auflösung von Traumata und Schockzuständen. Schwierige Lebenslagen werden sehr viel einfacher überwunden. Es steht für den fürsorglichen Ehemann und den liebevollen Vater, der die Dinge klar erkennt und weiß, was zu tun ist.

Platin vermittelt ein tiefes Gefühl von Behütetsein und Geborgenheit. Es erinnert an die unendliche Wehrhaftigkeit der Liebe, die niemals zerstörerisch, sondern immer nur konstruktiv und erhebend wirkt. Wie Silber, so ist auch Platin der bevorzugte Schmuck des Mannes.

»Wir handeln nicht, weil wir erkennen,
sondern wir erkennen, weil wir
zu handeln bestimmt sind.«
Johann Gottlieb Fichte

Titan

Das Metall des Wandels

Meine liebe Freundin, mein lieber Freund, Titan ist das Metall des Wandels und somit sowohl das Metall der Vergänglichkeit wie auch das der Ewigkeit. Das Göttliche, in ewiger Ausdehnung, also in ständigem Wandel begriffen, bleibt dennoch sich selbst ewig gleich.

Titan ist ein sehr beständiges Metall und wird in der Chirurgie für Implantate genutzt. Titan ist immer da und dort angezeigt, wo der Mensch sich vor Veränderung fürchtet und sich gegen sein Wohl dem Wandel und der Entwicklung widersetzt. Wenn der Mensch sich vor dem Neuen und Fremdartigen fürchtet, dann glättet Titan die Wogen der Angst und hilft dabei, dem Zauber des Anfangs zu vertrauen und sich ihm hinzugeben.

Titan fördert das Vertrauen in die ewige Unversehrtheit und Unverletzbarkeit des eigenen Seins. Wo es an Vertrauen in die eigene Kraft und in die Liebe Gottes fehlt, da verlässt der Mensch nur sehr ungern altbekannte Gefilde, selbst wenn die Situation unbefriedigend oder sogar leidvoll ist. Titan unterstützt die Bereitschaft, sich vertrauensvoll und neugierig auf Neues einzulassen und sich in der Beständigkeit des Wandels wohl und heimisch zu fühlen. Titan verkörpert das große göttliche Mysterium schlechthin. Es repräsentiert die Energie des ständigen, lustvollen Voranschreitens im Leben.

Seine astronomische Entsprechung ist der Planet Jupiter. Es darf uns nicht wundern, dass der Jupiter mit einem

Äquatordurchmesser von 142.800 km der größte Planet unseres Sonnensystems ist.

Das physische Pendant von Titan ist die Haut, die sichtbare Außenhülle unseres physischen Körpers, die nur eine scheinbare Begrenzung unseres Seins darstellt. Titan ist angezeigt bei jedweder Art von Hautleiden und bei Allergien. Es regt dazu an, allem Störenden ein Ende zu machen. Es fördert Selbstvertrauen und Gottvertrauen gleichermaßen, denn beide sind unabdingbar miteinander verwoben.

Titan ermuntert dazu, unbefriedigende Situationen zu beenden und sich Besserem zuzuwenden. Es stimuliert nachhaltig das Vertrauen und den Glauben an den guten Ausgang der Dinge und Ereignisse. Es macht im wahrsten Sinne des Wortes gutgläubig und schenkt tiefe, innere Zuversicht. Herz, was willst du mehr?

»Wandel ist eine Tür, die nur
von innen geöffnet werden kann.«
Aus Frankreich

Zinn

Das Metall des Mutes

Mein lieber Freund, meine liebe Freundin, Zinn ist das Metall des Mutes. Es ist ein extrem weiches Metall, das sich sehr leicht formen lässt. Der ihm zugeordnete Himmelskörper ist der Zwergplanet Pluto.

Zinn ist immer da und dort angezeigt, wo es an Lebensmut fehlt, also vor allem bei Depressionen. In Band II *Um Gottes willen und um deinetwegen* sind wir ausführlich auf die Problematik der Depression eingegangen. Auch bei der Suchtthematik kann Zinn sehr hilfreich sein. Über den Mut als solchen haben wir in Band III *Des Menschen Weg und Gottes Licht* bereits viel gesagt. An dieser Stelle sei erneut daran erinnert, dass es immer nur da und dort Mut braucht, wo auch Angst ist. Was, wenn nicht Angst, könnte es mutig zu überwinden geben?

Die Angst als solche ist immer und ausnahmslos das Problem. In Band II *Um Gottes willen und um deinetwegen* haben wir die Angstthematik zum zentralen Thema gemacht. Wo Angst überwunden ist, da braucht es keinen Mut mehr. Ein angstfreier Mensch braucht keinen Lebensmut, ist er doch beseelt von einer gesunden, schöpferischen Neugier, die ihn freudig vorantreibt.

In Band III *Des Menschen Weg und Gottes Licht* haben wir diese Verlagerung von Mut hin zur Neugier ausführlich beleuchtet. Unter Neugier versteht man die natürliche menschliche Gier nach Neuem. *(Anm. der Verfasserin: Welch wundervolles Beispiel für die Weisheit der Sprache.)*

Sie ist die Triebfeder jeder Entwicklung, jeder Veränderung und jeden Wandels. Sie entsteht aus dem tiefen Vertrauen in seinen Schöpfer und das Leben selbst. Eingebettet in Selbstliebe, in der furchtlosen Akzeptanz der eigenen Persönlichkeit und Individualität, wirkt die natürliche Neugier dem Leben gegenüber wie ein mächtiger Katalysator. Hier sind Wachstum und persönliche Entwicklung unfehlbar vorprogrammiert.

Das physische Pendant zum Zinn sind die Muskeln und so ist Zinn immer da und dort angezeigt, wo es Probleme mit den Muskeln gibt. Es sollte uns nicht wundern, dass auch das Herz, ebenfalls ein muskuläres Organ, an dieser Stelle erwähnt und in unsere Betrachtungen einbezogen wird. So hilft Zinn dabei, das Leben wieder beherzt in Angriff zu nehmen und festen, mutigen Schrittes voranzuschreiten. Zinn wandelt Mutlosigkeit in vertrauensvolle Zuversicht, es steigt einfach über die Angst hinweg.

»Jedes Schreckbild verschwindet,
wenn man es fest ins Auge fasst.«
Johann Gottlieb Fichte

Quecksilber

Das Metall des Reichtums

Meine liebe Freundin, mein lieber Freund, in unseren Betrachtungen richten wir nunmehr unser Augenmerk auf das Metall Quecksilber. Wegen seiner hohen Oberflächenspannung benetzt es seinen Untergrund nicht, sondern hinterlässt einzelne Tropfen. Diese Eigenschaft macht es auf wundersame Weise geheimnisvoll.

Quecksilber ist hochgradig giftig, was seine Faszination noch erhöht. Sein edler, silbermatter Glanz macht es zu einem wunderschönen und faszinierenden Element. Das kosmische Pendant zum Quecksilber ist der wunderschöne Planet Saturn mit seinen Ringen. In der Mythologie ist Saturn der Gott des Ackerbaus, was für Nahrung, Versorgung, Fülle und Reichtum steht. Wohlstand, Reichtum und Fülle gehen mit der Schönheit Hand in Hand.

Wie wir bereits des Öfteren gesehen haben, lehren Fülle und Reichtum die Fülle und den Reichtum Gottes, der uns ewig nur Geschenke macht. Wer die Fülle lebt, der lehrt sie. Wer den Mangel lebt, der lehrt eben diesen. In Gott jedoch kann es niemals Mangel geben und so ist die Lektion der Fülle eine sehr wichtige für alle Mitmenschen und die ganze Welt. Der verantwortungs- und liebevolle Umgang mit dieser gottgegebenen Fülle ist natürlich und selbstverständlich. Wenn wir wissen, woher die Dinge kommen und von wem sie uns gegeben sind, dann wissen wir, was damit zu tun ist.

Die anatomische Entsprechung des Quecksilbers ist das Blut. Quecksilber ist bei allen Leiden angezeigt, die den menschlichen Lebenssaft, das Blut, betreffen.

Auf psychischer Ebene hilft es gegen Existenzängste und alle Nöte, die mit jedweder Angst vor Mangel einhergehen. Auf der spirituellen Ebene kommt es immer dann zum Einsatz, wenn der Mensch sich vor seinem Schöpfer fürchtet und es an Vertrauen in die Bedingungslosigkeit der Liebe Gottes mangelt. Dies schürt Schuldgefühle und Selbstverachtung. Die absolute und ausnahmslose Bedingungslosigkeit der Liebe unseres himmlischen Vaters lehrt uns die bedingungslose Selbstliebe wie auch die Nächstenliebe und die Liebe zur ganzen Schöpfung. Diese Liebe öffnet uns die Augen für die allem und jedem innewohnende Schönheit. Wer liebt, der lebt in einer wunderschönen Welt. Alle Not, alles Leid und alles Elend dieser Welt können und werden sich nur durch die Macht dieser Liebe in Nichts auflösen und praktisch zu Staub zerfallen.

»Der nutzt den Reichtum am besten,
der denselben am wenigsten bedarf.«
Lucius Annaeus Seneca

Blei

Das Metall der Kommunikation

Mein lieber Freund, meine liebe Freundin, wenden wir uns nun dem Blei zu, dem Metall der Kommunikation. Das planetarische Pendant zum Blei ist der Neptun.

Blei wirkt förderlich bei jeder Art der Kommunikation. Auf spiritueller Ebene fördert und erleichtert es die heilige Kommunikation mit dem Höheren Selbst, mit dem eigenen göttlichen Wesensanteil. In schweren Zeiten, wenn der Mensch scheinbar den Zugang zu Gott verloren hat, steht es beim Gebet hilfreich zur Seite.

Auf psychologischer Ebene wirkt es unterstützend bei jeder Art der zwischenmenschlichen Kommunikation. Blei schenkt Klarheit, Verständnis und Nähe. Es fördert die Redegewandtheit und hilft immer da und dort, wo der Mensch Angst hat, sich vor anderen zu produzieren und darzustellen. Es wirkt quälender Schüchternheit und Menschenscheu entgegen und hilft dabei, sich nicht abzukapseln und zu isolieren. Blei ist dann angezeigt, wenn es darum geht, den goldenen Mittelweg zwischen Abgrenzung und Öffnung zu finden. Es lehrt den Menschen, sich da zu schützen, wo es notwendig ist, und sich dort zu öffnen, wo es heilsam, wohltuend und förderlich ist. Somit schärft Blei das Vermögen zwischen den Dingen, die uns zuträglich, und jenen, die hinderlich sind, zu unterscheiden.

Auf der physischen Ebene schützt, stärkt und heilt es das Nervensystem. Blei ist bei allen Arten von Nervenerkrankungen angezeigt. Die Nerven sind das Kommunikationsorgan des Körpers, sozusagen der Informationsüberträger par excellence. Blei wird in der Nuklearmedizin als Strahlenschutz benutzt.

Wie wir bereits erwähnten, ist der Planet Neptun der Himmelskörper, der diesem wundervollen Element entspricht. In leuchtendem Türkisblau, der Farbe der Toleranz, steht er am Himmel. Welch wunderbarer Hinweis auf das A und O jeder Form zwischenmenschlicher Kommunikation.

In der Mythologie ist der Planet Neptun nach dem römischen Wassergott Neptunus benannt. Das Wasser, neben der Luft das Lebenselixier Nummer eins, ist der vollkommene Informationsüberträger in dieser Welt. Wasser ist flüssige, bedingungslose Liebe, nichts weniger als das! Nur das macht es so unbedingt lebens- und überlebensnotwendig. Reines Wasser ist aus sich selbst heraus in wundersamer Weise völlig neutral und daher in der Lage, jedwede Information aufzunehmen, weiterzuleiten und wieder abzugeben. Zudem nimmt es jede Form an, die ihm geboten wird, Wasser fließt überall hin, es ergießt sich in jede vorgegebene Form. Ihr werdet das Wunderwerk Wasser in Zukunft noch sehr intensiv zu erforschen und in herrlicher Weise zu nutzen wissen. Herzlich Willkommen im Wassermannzeitalter! *(Anm. der Verfasserin: Scherzhaft gesagt.)*

»Alles, im Kleinen und Großen,
beruht auf Weitersagen.«
Christian Morgenstern

Zink

Das Metall des Geistes

Meine liebe Freundin, mein lieber Freund, wenden wir uns nun dem Zink zu, dem Metall der Psyche. Zink ist ein bläulich-weißes, sprödes Metall. Es ist für alle Lebewesen essenziell und ist Bestandteil wichtiger Enzyme. Ihm zugeordnet ist der Zwergplanet Ceres.

Zink hilft dabei, uns auch innerhalb der Materie als Geistwesen zu verstehen und unsere unsichtbare innere Welt der Psyche als Wirklichkeit zu begreifen. Zink fördert die Harmonie innerhalb der Psyche, die harmonische Verbindung und untrennbare Einheit von Gedanke und Gefühl. Es ›bindet‹ das Bewusstsein an die materielle Physis und ist daher unerlässlich für ein Leben innerhalb der Materie.

Zink fördert die ›Vergeistigung‹ und steht bei jeder Art von geistiger Aktivität hilfreich zur Seite. Auf der spirituellen Ebene hilft es bei der Versenkung in die Meditation und bei geistigen Kontakten jeder Art. Somit wirkt es der Überidentifikation mit der Physis und der Welt der Materie entgegen. Die Energie von Zink sagt uns: »Du bist in, aber nicht von dieser Welt.« Zink erinnert uns an unsere göttliche Heimat und wirkt somit tröstlich.

Auf der psychologischen Ebene ist es das Metall der Wahl zur Unterstützung der Psychotherapie. Es unterstützt die Bewusstwerdung psychischer Zusammenhänge und hilft bei den freien Gefühlsassoziationen, auf denen jeder psychotherapeutische Prozess beruht. Zink besänftigt die

Angst vor dem Unbewussten, vor den eigenen Bewusstseinsinhalten, und lässt die geistigen Energien frei und unbekümmert fließen. Außerdem unterstützt es jede Art von intellektueller Tätigkeit und geistiger Arbeit.

Zink wirkt immer da und dort heilsam, wo Neurosen und Psychosen diagnostiziert werden. Es wirkt sich korrigierend auf die Selbstwahrnehmung aus und fördert das positive Selbstbildnis. So stärkt Zink das Selbstvertrauen und die Selbstliebe. Es schärft die Sinne für die ureigene und persönliche innere Realität, die sich im Außen spiegelt. Zink ist dann angezeigt, wenn der Mensch seiner eigenen Wahrnehmung misstraut und sich selbst allzu sehr infrage stellt. So söhnt es den Menschen aus mit sich selbst und seiner eigenen Sicht der Dinge. Der Mensch wird wieder komplett und vollständig, da er nicht länger Anteile seiner selbst von sich abspalten muss. Das ist Heilung vom Feinsten!

»Das Geistige allein ist das Wirkliche.«
Georg Friedrich Wilhelm Hegel

Eisen

Das Metall der Materie

Mein lieber Freund, meine liebe Freundin, nun wollen wir in unseren Betrachtungen mit dem Eisen fortfahren. Eisen ist das Metall der Materie und damit auch das Metall der Physis. Ihm zugeordnet ist der Zwergplanet Eris.

Eisen ist für den physischen Körper unerlässlich. Es bewirkt, dass sich die Psyche, das Bewusstsein, im physischen Leib wohlfühlt. Es fördert die Identifikation mit der Physis und macht den Körper für die Dauer unserer jeweiligen Lebenszeit zu unserem Zuhause.

Auf der spirituellen Ebene bewirkt es, dass wir unsere Inkarnation freudig annehmen und uns innerhalb der Welt der Materie heimisch fühlen. Eisen fördert die Erdung. Dennoch kann sich das Bewusstsein innerhalb der Materie frei bewegen und entfalten. Eisen hilft uns dabei, das herrliche, göttliche Zusammenspiel von Geist und Materie als das grandiose Geschenk zu sehen, das es ist, es zu verstehen und damit zu experimentieren, ohne das Gefühl zu haben, uns dabei zu verlieren. Das große göttliche Mysterium der Verdichtung von Geist hin zur Materie wird uns bewusst. Eisen fördert die Dankbarkeit für das Leben innerhalb der Materie und lässt uns die damit verbundenen unglaublichen Chancen und Möglichkeiten der Selbsterkenntnis und des Selbstausdrucks erahnen.

Auf der psychologischen Ebene konfrontiert Eisen den Menschen mit der ganzen herrlichen Wucht seiner Kreatürlichkeit und hilft dabei, sie in vollen Zügen zu erkunden, zu erforschen und schließlich zu genießen. Auf anatomischer Ebene ist Eisen unter anderem unerlässlich für das Blut, den Lebenssaft, der das Leben durch den Körper fließen und strömen lässt. Es ›belebt‹ die materielle Ausdrucksform. Eisen ist also ganz allgemein der körperlichen Gesundheit sehr zuträglich und förderlich. Es wird uns nicht wundern, dass bei Eisenmangel Ermüdungserscheinungen auftreten.

»Wir Menschen sind nicht bloß gemeine Materie.
Das Vermögen, jedes Sinnliche zu veredeln und
auch den totesten Stoff durch Vermählung
mit der Idee zu beleben, ist die schönste
Bürgschaft unseres übersinnlichen Ursprungs.«
Johann Wolfgang von Goethe

Aluminium

Das Metall der Dienstbarkeit

Meine liebe Freundin, mein lieber Freund, wenden wir uns nunmehr dem Aluminium zu, dem Metall der Dienstbarkeit. Aluminium ist das häufigste Metall in der Erdkruste. Es sieht aus wie Silber, ist aber auffallend leicht. Ihm zugeordnet ist der Zwergplanet Makemake.

Die Energie von Aluminium ist männlich, ausgesprochen liebevoll und sanftmütig. Sie lehrt das Prinzip: »Macht

Euch die Erde untertan.« Sie ist hingebungsvoll, milde und fürsorglich in ihrer Art.

Auf der spirituellen Ebene lehrt Aluminium die göttliche Leichtigkeit des Seins und den spielerischen Umgang mit der Welt und dem Leben. Aluminium hilft dabei, die richtigen Entscheidungen zu treffen und sorgsam mit sich selbst und der Erde umzugehen. Es schärft die Sinne dafür, dass alles gegeben ist, uns zu dienen. Aluminium lehrt uns dadurch den unermesslichen Wert der Dienstbarkeit selbst, denn nur wer der Welt dient, der regiert sie wahrhaft. An dieser Stelle verweisen wir gerne auf das entsprechende Kapitel in Band I *Des Menschen Wunsch und Gottes Wille*.

Wenn wir sorgsam mit der Welt umgehen, dann geht die Welt sorgsam mit uns um, denn sie ist uns gegeben, uns zu bekunden, wer und was wir sind. Die Energie von Aluminium stellt alles bereit, was es braucht, uns selbst in der Welt und durch die Welt zu erfahren.

Auf psychologischer Ebene hilft Aluminium dabei, Selbstvertrauen aufzubauen. Es fördert den guten Willen und lehrt uns, uns mit unseren Taten zu identifizieren, damit wir sie und somit uns selbst erkunden und erforschen können. Die Energie von Aluminium regt den Menschen dazu an, sich selbst auszuprobieren, um erkennen zu können, was das Seine ist und was nicht. Sie lehrt den spielerischen, leichten Umgang mit der eigenen Schöpferkraft.

Die Energie von Aluminium ist eine sehr gestalterische, formgebende und kennt keinen erhobenen Zeigefinger. Die Heiligkeit des Menschen ist ewig unantastbar. Die Aluminiumenergie gibt dem Menschen freies Geleit durch sein Leben und schenkt pure Daseinsfreude durch Schaffenskraft. Hier steht die Freude am Machen und Tun ganz und gar im Vordergrund. Diese Energie sagt: »Du lernst, was Du lehrst, und Du lehrst, was Du lernst«, denn an Euren Taten werdet Ihr Euch selbst erkennen. Aluminium fördert die Erkenntnis dessen, wer Du wirklich bist und was Du willst. Es bestärkt den Menschen darin, seine wahren Werte zu leben und für sie einzustehen.

Auf der biologischen Ebene energetisiert Aluminium den ganzen Körper. Es wirkt wie eine Spritze aus reiner Lebensenergie. Es erhöht den Tatendrang und sorgt für Bewegung im Leben, da es Bewusstwerdungsprozesse beschleunigt. Diese Energie macht Lust auf neue Erfahrungen und Veränderungen bis hin zu den großen Umwälzungen im Leben. Aluminium lässt das Herz höher schlagen, weil der Mensch sich selbst in seiner ganzen Lebendigkeit spüren kann. In der Tat: Macht Euch die Erde untertan!

»Alles muss allem dienen. Es gibt im
letzten Sinne keine Ungerechtigkeit.«
Christian Morgenstern

Palladium

Das Metall der Gnade

Mein lieber Freund, meine liebe Freundin, last but not least wollen wir uns nun dem Metall Palladium zuwenden. Das seltene, silberweiße Metall ähnelt sehr dem Platin. Ihm zugeordnet ist der Zwergplanet Haumea, benannt nach der hawaiianischen Fruchtbarkeitsgöttin.

Palladium ist das Metall der Gnade. Seine Energie ist bedingungslose Liebe. Was, wenn nicht bedingungslose Liebe, könnte Gnade sein? Wie könnte man den Begriff der Gnade sonst definieren?

Das Element Palladium ist der direkte Fingerzeig der Materie auf die allumfassende und ewige Liebe Gottes. Die Energie ist sowohl männlich als auch weiblich und wahrhaft grandios und unbeschreiblich in ihrer Kraft, Macht und vollkommenen Schönheit.

Auf der spirituellen Ebene öffnet uns Palladiumenergie die Augen und das Herz für die absolute und ausnahmslose Bedingungslosigkeit der Liebe Gottes. Was könnte es jemals mehr zu suchen, zu finden oder zu wollen geben? Palladium fördert das blinde Gottvertrauen und lässt Gott in völlig neuem Licht erstrahlen: Er ist nicht länger ›nur‹ der Herr, der Gott und der Vater über Dir. Palladiumenergie lässt Dich Gott als das erkennen, was Er außerdem und wirklich ist: Dein denkbar bester Freund! Wer aber in Gott seinen denkbar besten und treuesten Freund erkennt, der kann ihn nicht länger fürchten. Nur das ist wirkliche und gelebte Annäherung an Gott. Von dieser Wahrnehmungsebene aus betrachtet ändert und wandelt sich Deine Beziehung zu Gott schlagartig und wunderbar radikal. Jetzt bist Du endlich angekommen und Dein Herz hat sein wahres Zuhause wiedergefunden!

Auf der psychologischen Ebene hilft Palladiumenergie gegen Selbstverachtung und Selbstablehnung. Sie ist ein machtvolles Instrument gegen Schuldgefühle und fördert die bedingungslose Selbstakzeptanz und Selbstliebe in enormem Maße. Was kann der Mensch mehr wollen als die tiefe, unerschütterliche Freundschaft und Liebesbeziehung zu sich selbst? Die Weisheit der Palladiumenergie ist unbeschreiblich und bleibt letztlich das ewige, wunderbare Geheimnis Gottes. Auf der anatomischen Ebene wirkt die Palladiumenergie wie eine Gesundheitsdroge. Was, wenn nicht Liebe, könnte jemals heilen?

»Die Winde der Gnade wehen immer.
Wir brauchen nur die Segel zu hissen.«
Shri Ramakrishna

3. Die 4 Edelsteine der Weisen:

Saphir

Der Stein des Glaubens

Meine liebe Freundin, mein lieber Freund, nunmehr wollen wir uns in unseren Betrachtungen den Edelsteinen zuwenden. Wir beginnen mit dem blauen Saphir, dem Stein des Glaubens. Seine blaue Farbe erinnert an den Himmel, sie steht für Freiheit, tiefen inneren Frieden und treue, beständige Freundschaft.

Der Saphir wird dem Element Luft zugeordnet. Der Saphir ist, wie gesagt, der Stein des Glaubens. Er unterstützt und ermutigt den Menschen in seiner Suche nach Gott und lässt den Glauben zu tiefer innerer Gewissheit heranreifen. Je beständiger, tiefer und fester wir im Glauben sind, desto mehr wird für uns möglich. Neue Erkenntnis tut sich auf und Dinge treten in Erscheinung, die ein Mensch nie zuvor für möglich gehalten hätte.

Je tiefer und beständiger der Mensch in seinem Glauben ist, desto mehr kann sich Gott ihm offenbaren. Hier finden wir das Geheimnis des Glaubens, das nunmehr nicht länger ein Geheimnis ist. Gott selbst offenbart und zeigt sich dem Glaubenden in all seinen Gestalten und Ausdrucksformen, wunderbarer und vielgestaltiger, als der Mensch es jemals für möglich gehalten hätte. Die wundersame Energie des Saphirs sagt: »Selig, die nicht sehen und doch glauben, denn ihnen gehört das Himmelreich.« Durch die Saphirenergie wird der Glaube selbst zu einer sehr tiefen inneren und äußeren Erfahrung. Die Beziehung zu Gott wird nunmehr eine sehr viel engere, tiefere und intimere. Die Macht des Glaubens ist jenseits dessen, was gelehrt werden kann, sie kann nur erfahren werden. Hier werden Wunder möglich und hier geschehen sie!

Auf der psychologischen Ebene greift die Saphirenergie immer dann hilfreich ein, wenn der Mensch sich in tiefen Selbstzweifeln verirrt und verloren hat. Wenn den Menschen der Glaube an sich selbst verlassen hat, der Glauben an seine Integrität und Heiligkeit, wirkt der Saphir wie ein himmlisches Netz, das ihn behutsam wieder auffängt. Wie wir bereits an anderer Stelle festgestellt haben, ist es von unschätzbarem Wert, wenn der Mensch sich selbst und seiner Wahrnehmung vertraut.

Wo der Mensch sich selbst den Glauben entzieht, da ist er abgespalten und getrennt von sich selbst und kann die eigene Wahrnehmung nicht mehr ernst nehmen und somit auch nicht richtig einordnen. Ein solchermaßen leidgeprüfter Mensch lebt einem Auto gleich, das mit angezogener Handbremse fahren muss. Sich selbst den Glauben zu verweigern bedeutet, sich selbst die Lebendigkeit abzusprechen und zu entziehen. Dem arbeitet der Saphir wirkungsvoll entgegen. Besonders nachhaltig entfaltet er seine Energie über das Stirnchakra.

In der Psychotherapie hilft er bei der Aufdeckung von Glaubensmustern und Kernglaubenssätzen, die der Heilung und dem Glück im Wege stehen. Er fördert das Finden klarer innerer Strukturen und wirkt somit wirren und konfusen Gedankengängen entgegen. Widersprüchliche Glaubenssätze werden aufgedeckt und so der Heilung überantwortet. Der Saphir bekämpft inneren Aufruhr.

Auf der anatomischen Ebene wirkt er hochgradig entgiftend und entschlackend. Er stärkt das Nervensystem und fördert dadurch Gleichmut und Ausgleich. Somit hat diese Energie eine sehr reinigende Wirkung. In der Tat: Der Glaube kann Berge versetzen und er tut es!

»Glaube beruht auf Ursachen,
nicht auf Gründen.«
Wilhelm Busch

Smaragd

Der Stein der Hoffnung

Mein lieber Freund, meine liebe Freundin, kommen wir nun zum Stein der Hoffnung. Der Smaragd steht auch für persönliche Entwicklung, die sich durch die Hoffnung speist. Das ihm zugeordnete Element ist das Wasser.

Hoffnung ist der Anstoß und die Triebfeder jeglicher Entwicklung, sie ist die mächtige Schubkraft, die jede spirituelle und psychologische Entwicklung vorantreibt. Der Mensch strebt immer nach dem Besseren und so ist dieses Streben im menschlichen wie auch im göttlichen Interesse. Ebenso wie der Glaube, so führt auch die beständige und tiefe Hoffnung immer zu innerem Verständnis und absoluter Gewissheit. Die Hoffnung ist, wie auch der Glaube, ein sicheres himmlisches Netz, das uns in Zeiten wankelmütigen Glaubens sicher auffängt und vor dem Sturz ins Bodenlose schützt und bewahrt. Alles Gute kommt von Gott, so auch die Hoffnung. Wie die Fähigkeit zu glauben, so ist auch die Hoffnung uns von Ihm geschenkt. Gott lässt uns niemals wirklich allein und in Zeiten des Glaubenszweifels erst recht nicht. Auf dem irdischen Hochseil des Zweifels sind wir nie wirklich auf uns selbst gestellt. Ein hoffnungsvolles, verzweifeltes Gebet findet immer und ewig Gehör. Nie bist Du allein in Deiner Not!

Der Smaragd hilft dabei, die tiefe Sinnhaftigkeit in allen Dingen und Ereignissen zu erkennen und freudig anzunehmen. Die Smaragdenergie fördert die Erkenntnis, dass die Wahrheit nie trostlos ist. Sie bewirkt das tiefe Vertrauen in den guten Ausgang aller Dinge. Sie vertieft den Glauben an die bedingungslose Liebe Gottes. Hoffnung vertieft den Glauben, so wie der Glaube die Hoffnung mehrt. In wunderbarem Wechselspiel ergänzen und bekräftigen sich beide Energien und legen gegenseitig Zeugnis voneinander ab.

Auf der psychologischen Ebene fördert der Smaragd das Durchhaltevermögen und steigert die Geduld. Der Mensch entwickelt ein Gespür für den richtigen Zeitpunkt der Dinge. Diese Energie bringt Zuversicht und dadurch inneren Frieden, Ruhe und Harmonie ins Leben. Der Smaragd schärft das Unterscheidungsvermögen und lässt uns erkennen, wann es richtig ist, eine Sache aufzugeben oder beharrlich daran festzuhalten. Somit ist der Smaragd auch der Stein der Weisheit. Die Energie des Smaragdes wird am besten über das Herzchakra aufgenommen.

Auf der biologischen Ebene fördert und beschleunigt der Smaragd jede Art von Heilungsprozess. Er hält die körperlichen Prozesse im Fluss und bringt so gesunde Bewegung in die Abläufe, die schließlich zur Heilung führen. Da die Hoffnung wachsam macht, wirkt sich der Smaragd besonders positiv auf die Augen aus.

»Wer hofft, hat schon gesiegt
und siegt weiter.«
Jean Paul

Rubin
Der Stein der Liebe

Meine liebe Freundin, mein lieber Freund, kommen wir nun zum roten Rubin, dem Stein der Liebe. Die Rubinenergie symbolisiert die Liebe und die Leidenschaft. Sie fördert die sexuelle Energie und den sensiblen Umgang damit. Ihr zugeordnet ist das Element Feuer.

Der Rubin entfaltet seine wundervolle Energie am besten über das Wurzelchakra, aber auch das Herzchakra ist an dieser Stelle nicht zu vernachlässigen. Der Rubin hilft dabei, die Bedeutung der Liebe in ihrer ganzen unerschöpflichen Tragweite zu erahnen. Er fördert die absolute Hingabe an die Liebe und damit an Gott selbst. Die Rubinenergie weist den Weg dorthin und hilft bei der Entscheidung, die Liebe als absolutes Lebensziel zu definieren. Diese Energie macht glücklich!

Der Rubin bestärkt und bekräftigt die Liebesenergie als solche. Der Mensch wird zu ungeahnter Gefühlstiefe geführt und lebt in vollen Zügen. Er bestärkt das tiefe Vertrauen in die alles transformierende, heilende und segnende Macht und Kraft der Liebe. Somit ist der Rubin der Stein des spirituellen Fortschritts und der Erkenntnis. Was, wenn nicht Liebe, kann es je zu finden und zu mehren geben? Dies macht den Rubin zum Stein der Weisheit. Er fördert die Nähe zu Gott ebenso sehr wie die Nähe zum Höheren Selbst und allen Mitmenschen. Liebe ist und bleibt das ewige und einzige Bindeglied, das es jemals geben kann.

Aus psychologischer Sicht der Dinge fördert die Rubinenergie die Liebe zu sich selbst. Die vorbehaltlose Akzeptanz der eigenen Individualität und Persönlichkeit in all ihren Facetten und Eigenheiten wird erleichtert. Rubin macht Mut, sich selbst offen und ehrlich zu erkunden und zu erforschen, ohne in Angst und Ablehnung zu verfallen. Daher ist dies auch die Energie der Klarheit, denn nur mit den Augen der bedingungslosen Liebe kann man sein wahres Ich wirklich wahrnehmen und ohne Verzerrungen erkennen.

Rubin ist die Energie des blinden Selbstvertrauens, die einzig wirklich sehend macht. Wer sich selbst in seiner ganzen Menschlichkeit ansehen und annehmen kann, der erkennt seine Göttlichkeit und steht direkt vor ihr. An dieser Stelle verweisen wir gerne auf das entsprechende Kapitel über die Sexualität in Band I *Des Menschen Wunsch und Gottes Wille*. Auf der anatomischen Ebene wirkt der Rubin stimulierend auf die sexuelle Energie. Überdies hat er eine stärkende Wirkung auf das Immunsystem und fördert die körpereigene Abwehr gegen Infektionskrankheiten.

Diamant

Der Stein der Vollendung

Mein lieber Freund, meine liebe Freundin, kommen wir nun zum vierten und letzten Stein der Weisen, dem Diamanten. Der Diamant ist dem Element Erde zugeordnet. Er ist das härteste bekannte Mineral auf dieser Welt. Es wird uns nicht wundern, dass die Diamantenergie auf alle Chakren gleichermaßen wirkt.

Als Stein der Vollendung symbolisiert der Diamant die vollkommene Synthese der drei vorangegangenen Prinzipien von Glaube, Hoffnung und Liebe. Die Essenz dieser machtvollen Energie sind Erleuchtung, Klarheit, Macht und Frieden. Er ist der Stein der Gottnähe. Er ist der Stein der Einheit mit Allem-was-Ist. Hier findet alles Suchen, Streben, Sehnen und Hoffen zum guten Ende, das doch aller Anfang ist: Es ist der Anfang einer Liebesbeziehung, wie sie großartiger und vollkommener nicht sein kann: eine Liebesbeziehung mit Gott, mit sich selbst und der ganzen Schöpfung.

Auf der psychologischen Ebene fördert der Diamant die Selbstgerechtigkeit, die ewig nur bedingungslose Selbstliebe sein kann. Diese Energie ist die Energie des Selbstwertgefühls und des unbedingten Friedens mit sich selbst. Somit wirkt der Diamant der inneren Unruhe und Haltlosigkeit massiv entgegen und fördert Klarheit auf allen Ebenen und in allen Bereichen. Emotionale Blockaden und hinderliche Glaubenssätze werden erkannt und gelöst. Der Mensch findet Erlösung. Endlich kann er seinen wahren

Wert als liebendes Wesen erahnen. Da Liebe in ständiger, ewiger Ausdehnung begriffen ist, kann die Bedeutung der Liebe niemals endgültig begriffen und verstanden werden. Liebe lässt sich immer nur erahnen. Ist sie begriffen, dann ist sie schon wieder mehr. Das ist das grenzenlose und endgültige herrliche Mysterium Gottes.

In anatomischer Hinsicht wirkt die Diamantenergie heilsam und gesundheitsförderlich auf allen Ebenen und in jeder Hinsicht. Sie ist stark vitalisierend und belebend. Sie steigert das allgemeine Wohlbefinden und sorgt für erholsamen Schlaf. In der Tat: Liebe ist wahrhaft wunderbar, denn sie ist selbst das Wunder.

»Wer auf Knien sucht, findet nur,
was unten liegt.«
Regulus

4. Kapitel

Die spirituelle Essenz der Farben

Gelb

Die Farbe des Glücks

Meine liebe Freundin, mein lieber Freund, wir wollen unsere Betrachtungen der irdischen Farbpalette mit der strahlendsten aller Farben, der Farbe Gelb, beginnen.

Weil Gelb so strahlend und leuchtend ist, gilt es in Euren Kulturkreisen als die Farbe des Glücks. Die meisten Menschen assoziieren die Farbe Gelb spontan mit der Sonne und dem Sonnenlicht. Gelb wirkt gleichermaßen wärmend wie erfrischend und belebend. Das Gelb des warmen Sonnenlichtes steht für das lebensspendende Prinzip selbst und erfüllt alles Seiende mit Wachstumsenergie. Somit ist die Farbe Gelb immer dann angezeigt, wenn Wachstum entweder gefördert und angeregt oder aber gehemmt und verlangsamt werden soll. Gelb ist das Sinnbild der unbekümmerten Lebensfreude und des Humors. Gelb steht nicht zuletzt aus diesem Grunde für das göttliche Prinzip der Selbstlosigkeit und des freudigen, liebevollen Gebens.

Gelbe Blumen sind in der Regel die ausgeprägtesten ›Sonnenanbeter‹ unter den Pflanzen. Gelbe Blüten ertragen und wünschen sehr viel Sonnenlicht, weil sie es intensiv zurückstrahlen. Wir reden hier wohlgemerkt von geistigen und spirituellen Eigenschaften und Qualitäten und nicht unbedingt von physikalischen. Gelbe Blumen stehen in stärkstem Kontrast zu violettfarbenen Blüten. Mit anderen Worten: Gelbe Blumen erstrahlen mit der größten Intensität, wenn violettfarbene in der Nachbarschaft sind. Dieses Prinzip der Verstärkung der jeweiligen Farbintensität und

Wirkung kann bei jeder Behandlungsform genutzt werden, die auf der therapeutischen Wirkung von Farben beruht.

Meine lieben Freunde, es wird Euch nicht weiter verwundern, dass jede Farbe in ihrer symbolischen Sinnhaftigkeit immer auch für deren Gegenpol steht. Diese gegenteilige Bedeutung dürfte ebenfalls unser ganzes Interesse wecken, lernen wir doch viel daraus über uns selbst und die grenzenlose Welt der inneren Vielfalt menschlicher Emotionen. Menschliche Gefühle wollen in ihrer ganzen Bandbreite gelebt, erfasst und verstanden werden und dies sollte Euch nicht schrecken. Wie immer in unseren Botschaften, so geht es uns auch in diesem fünften Band nie um Moral und Verurteilung, sondern vielmehr um ein tief greifendes Verständnis der Dinge und die Erkenntnis des Selbst.

Wer sich selbst liebt, fürchtet sich nicht vor seinen Gefühlen, sondern gesteht sie sich freudig ein. Wer sich selbst liebt, erforscht die inneren Welten seiner Gefühle in all ihren Färbungen, erkundet die Wege, die sie nehmen und wohin sie schließlich führen. Sicherlich hat jeder verstanden und erkannt, dass Verdrängung, Leugnung und Verurteilung niemals zu Fortschritt und persönlichem Wachstum führen, sondern immer und ausnahmslos tut dies die bedingungslose, liebende Akzeptanz des Selbst in der gesamten Palette des eigenen Seinsausdrucks.

Wie wir vorhin sagten, steht also jede Farbe in ihrer symbolischen Bedeutung sowohl für sich selbst als auch für ihr Gegenteil. So wie die Farbe Gelb für selbstloses Geben, Schenken und Mütterlichkeit steht, so steht sie auch für Missgunst und Neid. In unseren vorangehenden Botschaften haben wir uns ausführlich mit der Liebe in all ihren

Facetten, Auswirkungen und Attributen befasst. So wollen wir uns denn nun den Verzerrungen, Missverständnissen und Angstauswüchsen menschlichen Daseins widmen und sie in ihren Ursprüngen und Wirkungen erforschen.

Gelb ist die transparenteste aller Farben. Diese natürliche Durchsichtigkeit ist ein Fingerzeig auf die natürliche Unschuld freudigen Gebens, das keine Missgunst kennt. Dort, wo das Schenken aus reinem Herzen kommt, hat der Geber nichts zu verbergen. Es soll an dieser Stelle deutlich betont sein, dass wir in Metaphern sprechen und dass es, wie gesagt, nicht im Geringsten um Verurteilung geht.

Der Mensch, der Neid und Missgunst empfindet, verhüllt dies in der Regel vor sich selbst und der Außenwelt unter dem Deckmantel scheinbarer Gleichgültigkeit, Ablehnung oder moralischer Entrüstung. Was aber ist Neid? Wie kommt er zustande und warum glaubt der Mensch, ihn verbergen zu müssen?

Neid entstammt dem irrigen Glauben an Ungerechtigkeit. Es mag Dich auf den ersten Blick verwundern zu hören, dass Neid da und dort entsteht, wo Du glaubst, dass etwas Dir nicht zusteht. Wenn ein Mensch Neid empfindet, dann nicht etwa, weil er glaubt, dasselbe zu verdienen wie ein anderer, sondern vielmehr das Gegenteil davon. Neid wächst auf dem Boden der Wahrnehmung von Ungerechtigkeit und fußt schlussendlich auf dem absurden und unbarmherzigen Glauben, Gott habe Lieblingskinder, die Er bevorzugt. Neid und Missgunst sind deshalb so nagend, weil der Mensch sie mit Liebesentzug gleichsetzt. Was sich aber wie Liebesentzug anfühlt, das muss den Menschen bis in die Grundfesten seines Wesens verunsichern und erschüttern. Neid wirkt zersetzend auf die menschliche Psyche, weil der

Mensch seine vermeintliche Wertlosigkeit und Liebesunwürdigkeit bestätigt glaubt. Wie wir wissen, kann es in Gottes Schöpfungsplan niemals Ungerechtigkeit geben. Dem Menschen geschieht nach seinem Glauben, in dem sich sein Wille spiegelt. Alles-was-Ist liebt alles und jeden gleichermaßen vollkommen, denn es kann nichts und niemanden geben, der und das nicht vollkommener, integraler und integerer Wesensanteil von Ihm wäre. Gott hat keine Lieblingskinder, denn jeder Aspekt seiner Schöpfung hat seine Liebe ganz und gar.

Ein von Neid aufgeriebener und zerfressener Mensch muss schließlich verbittern und an seinem Leben verzweifeln, denn wo Neid vorherrscht, wird jede Lebensfreude getrübt und schließlich unmöglich. Weil Neid den Blick vom Selbst auf das Außen lenkt, verblendet er den Menschen für die eigenen Potenziale und Möglichkeiten.

Neid boykottiert die Selbstliebe und trübt dadurch den Blick für all die Geschenke, die das Leben und das eigene Ich dem Menschen zu bieten haben. Was Du nicht hast, das hast Du nicht etwa deshalb nicht, weil Gott es Dir neidet und vorenthält, sondern weil Du es nicht willst. Was Du hast, entspricht immer und ausnahmslos Deinem Glauben über Dich selbst und somit Deinem Willen. Mit anderen Worten: Du hast das, was gut für Dich ist, ja mehr noch, Du hast das denkbar Beste, denn nichts weniger als das wäre Deinem Schöpfer gut genug für Dich.

Respekt und Achtung vor Dir selbst gebieten die gleiche Achtung vor Deiner Lebenssituation und all ihren Bedingungen. Ungeachtet des äußeren Anscheines gebühren jedem Leben größter Respekt und Ehrfurcht. Du hast wahrhaft allen Grund, stolz zu sein auf Dein Leben. Die ganz persönlichen Herausforderungen, die mit dem Haben und Sein jeden Lebens verbunden sind, sind so individuell und vielgestaltig wie das Leben und die Menschen selbst. Die weltlichen Wertvorstellungen stehen häufig in krassem Gegensatz zur göttlichen Wirklichkeit der Dinge, sie sind nur selten das, was sie scheinen.

Immer dann, wenn Du einen Mitmenschen beneidest, hast Du Dich sowohl über Dich selbst als auch über ihn geirrt. Was immer er hat, es steht ihm zu es zu haben, so wie es Dir zusteht, es nicht zu haben: Immer und ausnahmslos seid Ihr beide gleichermaßen gesegnet!

Der Mensch aber, der Dich beneidet, bietet Dir in Wahrheit ein Geschenk an, eröffnet er Dir doch durch seine neidvolle Haltung die Möglichkeit, bei Dir selbst nochmals genauer hinzuschauen. Denn liegt es nicht in der Natur des Menschen, dass er den Strauch in Nachbars Garten sieht und blind ist für den Baum in seinem eigenen? Das wirklich Einzige im Leben, was Neid ›rechtfertigen‹ würde, ist die Liebe, denn nur Liebe ist Glück und Erfüllung. Die Liebe aber ist allgegenwärtig und jedem gleichermaßen zugänglich und verfügbar. So ist die Liebe zum Selbst der Schlüssel zu persönlichem Lebensglück und Erfüllung, der alle Missgunst und jedes Neidgefühl hinfällig macht. Was Du wirklich brauchst, ist Dir niemals verwehrt, denn Gott hat nur Lieblingskinder.

»Mir trauerte die ganze Welt,
ich kannte nicht die schönsten Triebe.
Nun habe ich, was mir längst gefehlt;
beneide mich Natur – ich liebe!«
Friedrich von Schiller

Rot

Die Farbe der Liebe

Mein lieber Freund, meine liebe Freundin, die Farbe Rot ist die glühendste, am stärksten emotionsgeladene aller Farben, weshalb sie gerne mit Liebe und Sexualität in Verbindung gebracht und ihnen zugeordnet wird. Rot spricht die Sinne an wie keine andere Farbe. Es dringt tief ins Gemüt und wirkt deutlich anregend und erregend.

Rot fördert Handlungsimpulse, Spontaneität und Bewegung. Rot regt das Durchsetzungsvermögen an und fördert die eigene Kraft. Es kann dabei helfen und dann unterstützend wirken, wenn es gilt die eigene Mitte zu finden und bei sich selbst anzukommen, es fördert die Konzentration. Es unterstützt das Bewusstsein für den persönlichen Selbstwert und fördert das Selbstvertrauen.

Auf das Gemüt übt Rot eine regelrechte Signalwirkung aus, weshalb es, wie gesagt, mit Liebe und Sexualität assoziiert wird. Da nichts den Menschen stärker und auf tieferer Ebene anspricht als die Liebe und die Sexualität, versteht sich diese Assoziation von selbst.

Rot wirkt stark belebend und fördert jede Form von Bewegung und Aktivität. Es transportiert Lebensenergie, denn Leben ist Bewegung und Handlung und so kann Rot immer dann helfend und unterstützend eingreifen, wenn es an Energie fehlt.

Da Rot die Farbe der Liebe ist, hat sie die intensivste Heilwirkung, wenn es um Wachsen und Werden geht. Schon aus diesem Grunde ist Rot häufig die Lieblingsfarbe von Kindern, es wirkt wie ein emotionaler Treibstoff.

Rote Blumen symbolisieren die Liebe und keine Blütenfarbe steht in stärkerem Kontrast zum ruhigen, ausgleichenden Grün des Blattwerks wie die rote. Diese Wirkung kann, wie gesagt, therapeutischen Nutzen finden. Im Umkehrschluss, in der ›emotionalen Pervertierung‹, steht die Farbe Rot für Reizbarkeit, Dominanzgebaren, Machtmissbrauch und vor allem für Eifersucht. Kaum eine menschliche Emotion ist so selbstzerstörerisch.

Wie auch beim Neid und wie bei jedem anderen qualvollen Gefühl der menschlichen Emotionspalette, finden wir auch hier die Angst und Besorgnis vor Liebesentzug und Liebesverlust wieder. Es dürfte Euch nicht wundern, dass es im Grunde und in Wahrheit immer und ausnahmslos um Liebe oder Angst geht. In Band II *Um Gottes willen und um deinetwegen* haben wir ausführlich erörtert, dass jedes Gefühl schlussendlich entweder auf Liebe oder aber auf Angst beruht und zurückzuführen ist. Eifersucht ist deshalb so zersetzend, weil sie der völligen emotionalen Auslöschung des Selbst gleichkommt. Der eifersüchtige Mensch reduziert sich selbst auf ein Nichts. Eifersucht ist alltägliche, menschliche Erfahrungsrealität und eine der größten und anspruchsvollsten Herausforderungen menschlichen Zusammenlebens. Das wirklich Tragische an der Eifersucht ist die Tatsache, dass sie dem anderen recht gibt.

Der Eifersüchtige reduziert sich selbst auf ein Nichts und entzieht sich selbst ebenso die Liebe, wie derjenige es tut oder vermeintlich tut, dem die Eifersucht gilt. Darin liegt schlussendlich die besondere Intensität der Schmerzhaftigkeit jeder Eifersucht begründet. Der Mensch trauert naturgemäß um Verlorenes. Der Eifersüchtige jedoch gesteht sich diese Trauer, die schließlich zur Überwindung des Schmerzes führt, nicht zu, er ist in Angst, Wut und Selbstverachtung gefangen.

In der Eifersucht entzieht er sich selbst jede fürsorgliche Aufmerksamkeit, wie hypnotisch gebannt starrt er auf die Welt seiner äußeren Erfahrung. Diese Erstarrung in innerer und äußerer Bewegungsunfähigkeit erhält und erhärtet den Status quo, anstatt den Menschen für seine inneren emotionalen Selbstheilungspotenziale zu öffnen. Nur die Liebe zum Selbst kann der Eifersucht ein machtvolles und angemessenes Gegengewicht entgegensetzen, sie in ihre Schranken verweisen und schließlich überwinden lassen. Selbstliebe verlagert den Fokus der Wahrnehmung zurück in das eigene Ich, wo Heilung zu finden ist, denn nur hier können die notwendigen Potenziale und Werkzeuge für die Überwindung und Meisterung der Situation gefunden werden.

Die Konzentration auf das Selbst, die Rückbesinnung auf das eigene Ich, setzt immer heilerische Kräfte frei. Wer ganz bei sich selbst ist und bleibt, kann nicht betrogen werden. Eifersucht lenkt die Konzentration von der wirklichen Frage ab, die es und der es sich zu stellen gilt: In welchem Aspekt meines Lebens betrüge ich mich selbst? Wo bin ich mir selbst irgendetwas schuldig geblieben und was enthalte ich mir vor? Der Mensch kann sich immer und ausnahmslos nur Selbstliebe schuldig bleiben, wie auch immer sie sich äußern und ausdrücken will. Die ganz persönlichen Eigenheiten und Vorlieben freudig zu erkunden und zu leben, ist jedes Menschen lebenslange Herausforderung und das spannendste Abenteuer, dem Ihr Euch in Eurem Erdendasein stellen könnt. Die Lösung eines Problems ist nie im Außen zu finden, aber die Selbstliebe zeigt immer den rechten Lösungsweg. Wo Selbstliebe entscheidet, ist die Lösung im Inneren gefunden und findet ganz selbstverständlich im Außen die richtigen Anwendungen, Mittel und Wege. Im Angesicht der Eigenliebe genügt der Mensch sich selbst voll und ganz.

Wer aber sich selbst genügt, kann auch auf die Liebe, Anerkennung und Treue seiner Mitmenschen vertrauen. Bist Du Dir selbst nicht treu in jeder Lebenslage, wie kannst Du es von anderen erwarten? Treue genießt nur, wer sich selbst treu zur Seite steht, so wie Eifersucht jeden heimsucht, der sich selbst im Stich lässt. Liebe zum Nächsten wie auch Liebe zum Selbst definieren sich allein durch ihr Wachstum und nicht durch die Überwindung etwaiger Versuchungen oder das Umgehen möglicher Abwege. Wo Eigenliebe abhängig ist von äußeren Faktoren und Gegebenheiten, da ist sie keine. Mit der Nächstenliebe ist es nicht anders.

»Wie endet die Liebe?
Die war's nicht, der's geschieht.«
Jean Paul

Blau

Die Farbe der Freiheit

Meine liebe Freundin, mein lieber Freund, da Blau die Farbe des Himmels ist, die der Mensch mit den unendlichen Weiten des Raumes assoziiert, steht die blaue Farbe für das göttliche Prinzip absoluter Freiheit, Ausdehnung und Unendlichkeit. Blau ist die ›Luftfarbe‹ schlechthin und erinnert die meisten unter Euch doch ebenso spontan an Wasser. Damit entspricht die blaue Farbe allem Unfassbaren, sie symbolisiert das Nichtgreifbare wie die unbewussten Tiefen der Psyche oder auch die Spiritualität.

Blau ist das Sinnbild der Dichtung und der Romantik. Blau ist ebenso wie Gelb in seiner Wirkung eine sehr erfrischende, belebende Farbe, wirkt im Gegensatz dazu jedoch kühlend. Blau ist immer da und dort angezeigt, wo Besänftigung, Ausgleich und vor allem ein harmonisches Gleichgewicht der Kräfte und Energien angestrebt wird.

Blau hilft dabei, die Dinge in einen richtigen, übergeordneten Gesamtzusammenhang zu stellen, und rückt sie daher ins rechte Licht. Blau erleichtert den Zugang zu eigenen unbewussten Persönlichkeitsanteilen wie auch zum Höheren Selbst. Blau ist also die Farbe der Kommunikation mit anderen Ebenen des Seins. Blau hilft, vergangenes Leid zu überwinden und zuversichtlich nach vorne zu blicken. Blau öffnet für Neues, wenn der Mensch in inneren Welten gefangen ist und sich immer nur im Kreise dreht. So wie Weiß ist Blau in der Lage, Schatten zu erhellen. Blaues Licht wirkt antidepressiv. Blaue Blumen schaffen eine beruhigende, nostalgisch-romantische Atmosphäre und entfalten ihre stärkste Leuchtkraft in den frühen Abendstunden. Blaue Blüten kontrastieren am intensivsten mit orangefarbenen Blumen. Mit anderen Worten: Ist Orange in der Nähe, dann wirkt Blau noch blauer.

Im Umkehrschluss steht die Farbe Blau für den Verlust der Erdung und Bodenständigkeit, für Flatterhaftigkeit, Realitätsverlust, Unbeständigkeit und Unberechenbarkeit. Verrücktheit und Naivität werden der Farbe Blau zugeordnet.

Wenn ein Mensch an Bodenhaftung verliert und sich in pseudospirituellen inneren Welten verirrt, dann ist er immer und ausnahmslos auf der Flucht vor sich selbst und seinem Leben. Wo der Mensch dem Menschsein mit all seinen Konsequenzen entfliehen will, hat er den grundsätzlichen Bezug zur Sinnhaftigkeit des Erdenlebens in Menschenhaut aus den Augen verloren. Diese Flucht in unbekannte und unsichtbare geistige Gefilde rührt immer aus einer tiefen Angst vor sich selbst und der Ablehnung der eigenen Kreatürlichkeit. Wenn der Mensch seine Menschlichkeit in all ihren Facetten ablehnt, hat er sich selbst unterwegs auf seinem spirituellen Weg verloren. Wirkliche, rechtgeleitete Spiritualität schließt den ganzen Menschen ein und nimmt ihn als Mensch mit auf den Weg zu Gott.

Wenn der Mensch seine Erdung aufgibt, entscheidet er sich für die geistige Dimension, ohne die physisch-materielle einzubeziehen, er will sein, was er nicht ist, bzw. nicht sein, was er ist. Die Ablehnung des eigenen Seins mit all seinen Attributen und Eigenheiten oder auch nur in gewissen Aspekten birgt immer Unheil. Die Liebe zum

Selbst lässt den Menschen zu einem ausgewogenen und förderlichen Sein zwischen und inmitten Irdisch-Materiellem und Geistigem finden, die sich gegenseitig befruchten und unterstützen. In esoterischen Kreisen ist es geradezu in Mode gekommen, das irdische Dasein zugunsten eines rein geistigen zu vernachlässigen und drastisch unterzubewerten. Dies beruht auf einer völligen Verkennung der wirklichen Zusammenhänge und des Sinns des Lebens auf Erden.

Das Menschsein als solches kann gar nicht hoch genug bewertet werden, der Weg in und durch die Dualität ist ein heiliger und ehrenwerter. Rechtgeleitete, förderliche Spiritualität muss alltagstauglich sein, wenn sie ihrem Sinn und Zweck gerecht werden soll.

Wenn ein Konzept, eine Idee, Deinen Lebensweg nicht erhellt, vereinfacht und beglückt, dann kannst Du nur im Irrtum sein. Rechtgeleitete Spiritualität ist immer und ausnahmslos für und nie gegen Dich und Deine menschliche Natur. Selbstliebe ist recht geleitete Spiritualität und führt den Menschen sanft und behutsam an seine gottgegebene Kreatürlichkeit heran, söhnt ihn mit ihr aus und transzendiert sie schließlich. Dies ändert nicht etwa Deine Kreatürlichkeit, sondern vielmehr Deinen Blick auf sie.

Meine lieben Freunde, wer an die Kreatürlichkeit des Daseins denkt, der denkt in erster Linie an die Sexualität. In Band I *Des Menschen Wunsch und Gottes Wille* haben wir ausführlich beleuchtet, was es mit diesem größten und schönsten Geschenk Gottes an seine Schöpfung auf sich hat. Die Aussöhnung und Freundschaft mit der eigenen sexuellen Natur bringt auch spirituell vieles ins rechte Lot. Wenn in früheren Zeiten die Bekämpfung, ja die völlige Auslöschung des eigenen sexuellen Erlebens als Bedingung und

Weg zu spirituellem Aufstieg und Wachstum propagiert und gelehrt wurde, dann ist dieser fatale Irrglaube in heutigen Zeiten längst nicht ausgemerzt. Doch wie wir vorhin gesehen haben, führt der Weg zu Gott dorthin für den ganzen Menschen oder aber gar nicht, denn Gott will den ganzen Menschen. Gott gab Dir das, was Du bist, um es zu verkörpern, auszudrücken und ihm Deinen ureigenen Stempel aufzudrücken, wie nur Du in Deiner heiligen Einmaligkeit es kannst.

Der Mensch ist ein sexuelles Wesen und wer seine sexuelle Natur aus tiefstem Herzen begrüßt und bejaht, der ist wirklich ›intim mit sich selbst‹. Liebevolle Intimität mit sich selbst und seinem ganzen Sein ist Grundbedingung für liebevolle Intimität mit Gott, die keine Grauzonen und Minenfelder kennt, die ängstlich umgangen werden.

Freundschaft mit Dir selbst will und erlaubt keine ausgesparten Wesensanteile; weil sie ein Aspekt der Liebe ist, ist Freundschaft allumfassend.

»Welten bauen genügt nicht dem tiefer
verlangenden Sinne, aber ein liebendes
Herz sättigt den strebenden Geist.«
Novalis

Grün

Die Farbe der Schöpfung

Mein lieber Freund, meine liebe Freundin, Grün ist die vorherrschende Farbe in der Pflanzenwelt und damit in der Natur. Sie steht für Unvoreingenommenheit, neues, junges Leben, für den Prozess des Heranreifens, für Ursprünglichkeit und Nahrung. Grün ist das Sinnbild allen Geheimnisvollen. Wie keine andere Farbe steht die grüne für inneren Frieden und Gelassenheit.

Grün ist immer da und dort angezeigt, wo es darum geht, zur Ruhe zu kommen, innere Gelassenheit zu finden und die Dinge zu akzeptieren, wie sie sind. Grün fördert das Bewusstsein um die Sinnhaftigkeit in allem und hilft dabei, das Gute im Status quo zu erkennen und anzunehmen. Wo Neues sich entwickeln und entstehen soll, muss das Bestehende erst akzeptiert und verstanden sein. Grün fördert das Verständnis für die jeweilige Situation und hilft dabei, die richtigen Schritte mit Bedacht und einem gesunden inneren Abstand zu wählen. Es ist bei jeder Art von Reifeprozess angezeigt und hilft, auch in Zeiten großer Umwälzungen und Veränderungen das innere Gleichgewicht zu wahren. So wirkt Grün in Zeiten der Unsicherheit wie ein Anker. Es vermittelt Beständigkeit, Halt und Urvertrauen.

Grün fördert das Bewusstsein für den richtigen Zeitpunkt. Grün, obwohl vorherrschende Farbe in der irdischen Flora, ist in der Natur als Blütenfarbe kaum vertreten. Das frische Grün des Blattwerks kontrastiert, wie wir gesehen haben, am stärksten mit der leuchtenden Farbe strahlend roter Blüten. Grün macht Rot glühender, Rot macht Grün grüner und betont in gewisser Weise die ruhige und alles in der Umgebung fördernde Ausstrahlung der Farbe Grün. Grün wirkt auf eine geheimnisvolle und wunderbare Weise neutral.

Im Gegenpol steht die Farbe Grün für Unreife, jugendlichen Leichtsinn, Unerfahrenheit und Unwissenheit. Kindheit und Jugend sind die Zeiten des Sich-ausprobierens, des Auslotens neuer Wege und Möglichkeiten und vor allem der Suche nach Grenzen. Leichtsinn, Unerfahrenheit und Unwissenheit sind keine menschlichen Makel. Hätte der junge, heranreifende Mensch die Erfahrung und Reife des Alters, würde er viele Dinge nicht mehr tun, die zu seinem Werden und Wachsen notwendig sind. In der Zeit des Heranwachsens geht es mehr als in jeder anderen Lebensphase um die Selbstdefinition, die Selbstfindung erst möglich macht. Der Mensch definiert sich selbst ebenso durch die Dinge, die er so nicht mehr tun würde, wie durch das, was er als das Seine, als zu ihm passend und ihm zugehörig erkannt hat.

Das menschliche Dasein wird ebenso nachhaltig beeinflusst und geprägt von den Sackgassen des Lebens wie von den Schnellstraßen. Der erwachsene, erfahrene Mensch vergisst angesichts der Jugend oft, dass er seine Lebenserfahrung nur deshalb hat, weil er sie irgendwann einmal machte. Wer die Unerfahrenheit der Jugend mitleidig beäugt oder arrogant belächelt, der versteht die Mechanismen und Prozesse des Lebens und der Schaffung von Erfahrungsrealität nicht. Wie wir in Band I *Des Menschen Wunsch und Gottes Wille* ausführlich betrachtet haben, ist die Zeit des frühen Lebens auch die Zeit des Aufbürdens von karmischem Gepäck. Kindheit und Jugend sind in der Regel nicht etwa die rosigsten, sondern vielmehr die stressreichsten und schwierigsten Zeiten des Menschenlebens. Somit gebührt jedem jungen Menschen Achtung und Respekt, steht er doch noch ganz am Anfang seines Weges.

Der reife Mensch kann von der vorbehaltlosen und unerschrockenen Herangehensweise der Jugend an die Dinge des Lebens lernen. Der unbekümmerte Umgang mit den Dingen mag in der Kindheit und Jugend noch selbstverständlich sein, im Alter ist er weise. Wenn Dich Deine Lebenserfahrung dies nicht gelehrt hat, dann bist Du unreifer als ein junger Mensch, denn dann hast Du nichts aus Deiner Erfahrung gelernt. (*Anm. der Verfasserin: Scherzhaft gesagt.*)

So sehr Lebenserfahrung auch dienlich ist, so sehr kann sie Euch auch im Wege sein. Der Mensch wiederholt deshalb sehr oft die gleiche Art von Erfahrung, weil er an deren übergeordneten, allumfassenden Wirklichkeitsgehalt glaubt. Doch dem ist nicht so. Wie wir wissen, könnt Ihr Euch jederzeit für neue, andere Erfahrungen öffnen, sofern Ihr diese wollt und für möglich haltet. Ihr lernt am meisten und nachhaltigsten aus Euren Erfahrungen, wenn Ihr sie hinterfragt und analysiert, anstatt sie als unumstößliche Wirklichkeit anzuerkennen.

Jede Form der Erfahrung ist persönliche Realität, wenn auch mitunter kollektiv erlebt, sie hat keinen allumfassenden Wirklichkeitsgehalt. Was denke und glaube ich über mich selbst? Wie definiere ich mich? Wer und was glaube ich zu sein? Das sind die Fragen, deren Antworten die Erfahrung als solche erklären und verständlich machen.

Wie wir schon häufig gesehen haben, steht und fällt alles in des Menschen Leben mit seinem Selbstbildnis und seinem Verhältnis zu sich selbst. Ihr wiederholt die gleiche Erfahrung so lange, wie Ihr Euer Verhältnis zu Euch selbst nicht revidiert und dadurch eine andere möglich macht. Wir dürfen nicht vergessen, dass die Außenwelt ein exakter Spiegel des Innen ist. Wo das Innen eine Veränderung erfährt, da kann und muss das Außen schließlich nachziehen. Wenn der Geist befiehlt, gehorcht die Materie.

Wenn wir von der Farbe Grün sprechen, dann kommen wir nicht umhin, über Urvertrauen zu reden. Kinder werden mit dieser naturgegebenen Anbindung an den Schöpfer geboren wie mit der Nabelschnur und wie kaum ein anderer Aspekt des Lebens gilt es, diese Anbindung zu bewahren und zu vertiefen. Unerschütterliches Urvertrauen ist unerschütterliches Gottvertrauen und bringt immer den Glauben an die eigene Kraft mit sich.

Da Grün Sinnbild der Schöpfung selbst ist, Symbol für Nahrung und Fülle, kann es dann unterstützend wirken, wenn es darum geht, leichtlebiger zu werden. Leichtlebigkeit gründet immer auf einem tiefen, zuversichtlichen Vertrauen in die unerschöpfliche Fülle des Daseins. Die Liebe zum Selbst führt direkt und unfehlbar zur Liebe Gottes und damit zur Wahrnehmung und Erkenntnis all seiner ewigen Gaben und Geschenke.

»Erfahrung ist der Name,
den jeder seinen Irrtümern gibt.«
Oscar Wilde

Orange

Die Farbe der Leidenschaft

Meine liebe Freundin, mein lieber Freund, kommen wir nun zu der Farbe Orange, der Farbe des Feuers. Orange ist das Sinnbild für Mut, Lebhaftigkeit und vor allem für Leidenschaft. Es ist immer da und dort angezeigt, wo es an Lebensmut fehlt, insbesondere am Mut, seinen Leidenschaften Ausdruck zu verschaffen und sie zu leben.

Leidenschaft ist der Ruf des Selbst nach Ausdruck, die Stimme des Herzens, die gehört, der Blick der Liebe, der beantwortet sein will. Der Mensch leidet nie so sehr, als wenn er seine Leidenschaft missachtet und ihr keinen lebendigen Ausdruck ermöglicht.

Als eine ausgesprochen warme und feurige Farbe fördert Orange lebhaften Bewegungsdrang und Entschlussfreudigkeit. Orange stimuliert sowohl die Redefreudigkeit als auch die Redegewandtheit. Wie wir bereits gesehen haben, steht Orange in der Welt der Flora im größtmöglichen Kontrast zu der Farbe Blau. Ist Blau in der Nähe, wirkt Orange noch leuchtkräftiger und feuriger. Im Umkehrschluss fördert Orange, wie gesagt, die Bläue anderer Blüten.

In der ›emotionalen Pervertierung‹ verkörpert die Farbe Orange Zerstörungsdrang, Aggression, Wut, Jähzorn und Gewalt. Die Gewaltbereitschaft eines Menschen steigt mit seinem Mangel an Selbstliebe. Je mehr ein Mensch sich selbst liebt und achtet, desto ferner wird ihm jegliche Art von Gewaltanwendung liegen, sowohl gegen sich selbst als auch gegen andere. Wie wir schon häufig gesehen haben, zieht Selbstliebe unfehlbar Nächstenliebe nach sich.

Gewalt ist die denkbar letzte Lösung des Menschen, der sich hilflos, schwach, missverstanden und vor allem ungeliebt fühlt. Gewalt ist immer Schwächedemonstration. Der Anwendung von Gewalt geht immer ein Gefühl völligen Kontrollverlustes voraus. Der Gewalttätige fühlt sich nicht mehr als Herr der Lage und sieht keinen anderen Weg mehr, die Situation unter Kontrolle zu bringen und nach seinen Wünschen zu beeinflussen.

Meine lieben Freunde, Wut entspringt einem Gefühl lähmender Hilflosigkeit. Ein wutentbrannter Mensch fühlt sich unterlegen und hat Angst. Angst macht letztlich immer und unfehlbar zornig, denn sie ist langfristig nicht zu ertragen. Gewalt ist in erster Linie immer Gewalt gegen sich selbst. Der Gewalttätige fühlt sich immer in der Opferrolle und lehnt somit implizit jede Eigenverantwortung für die jeweilige Situation kategorisch ab. Es gibt wohl kaum ein deutlicheres Zeugnis für die Verleugnung des Selbst und seiner gottgegebenen Schöpferkraft und Handlungsfreiheit als die Anwendung von Gewalt. Je häufiger und mehr ein Mensch Gewalt anwendet, desto hilfloser und schwächer wird er sich schließlich fühlen und wahrnehmen.

Gewalt ist ein Teufelskreis und zieht vermehrt Gewalt nach sich. Immer häufiger wird der Mensch in seinem irrigen Wahn von Schwäche, Angriff und Opfersein glauben, Gewalt anwenden zu müssen. Der Weg aus der Gewalt kann nur über die Selbstliebe führen. Wer sich selbst liebt, gesteht sich seine schöpferische Macht der Handlungsfreiheit zu und übernimmt freudig die Verantwortung. Die Übernahme der Verantwortung impliziert einen geschärften

Sinn für die Konsequenzen des eigenen Verhaltens. So werden Wut, Jähzorn und Gewalt schließlich hinfällig, denn der Mensch erkennt seine Potenziale und Möglichkeiten. Schließlich will er sich selbst vor seiner eigenen Gewalt und ihren Folgen schützen und kann auch in schwierigen Lebenslagen zu friedfertigen und damit konstruktiven Mitteln greifen, die aus der Krise führen. Wer im Frieden mit sich selbst ist, der ist es auch mit seiner Umwelt.

»Die Leidenschaften zeigen
den Weg zu Gott.
Die Hingabe geht ihn.«
Regulus

Violett

Die Farbe der Heilung

Mein lieber Freund, meine liebe Freundin, wenden wir uns nun der Farbe Violett zu. Violett ist die Farbe der Heilung. Es steht für Heilung durch bedingungslose Liebe. Aus diesem Grunde nimmt Violett eine ganz besondere Stellung ein, wenn es um Heilung und damit um Ganzwerdung geht. Da schlussendlich nur bedingungslose Liebe heilen kann, symbolisiert Violett Heilung auf höchster Ebene.

Violett wirkt unterstützend auf das Gebet, es fördert die Hingabe an Gott und damit an die Liebe. Es hilft dabei, Vertrauen zu fassen sowohl in die eigene Liebe als auch in die des anderen. So wirkt es Verbitterung und Isolation entgegen und öffnet für die Potenziale der Liebe, die die höchstmöglichen sind.

Im Pflanzenreich kontrastiert Violett am stärksten mit Gelb. Die leichte Transparenz der gelben Farbe betont die besondere Tiefe der violetten. Andererseits harmonieren violette Blüten besonders gut mit rosafarbenen. Die Farbe Rosa symbolisiert die Süße und Lieblichkeit der Liebe. So wirken beide ebenso gegenseitig unterstützend wie Violett und Gelb. Im Umkehrschluss steht die Farbe Violett für Alterung, Siechtum, Krankheit und physischen wie auch geistigen Verfall.

Meine lieben Freunde, viele Krankheiten und Verfallserscheinungen, die mit dem Alter einhergehen, würdet Ihr Euch ersparen, wenn Ihr das Alter ehren würdet. So wie der Kindheit und Jugend besondere Aufmerksamkeit und Ehre zusteht, so gebührt sie auch den späten Jahren des Lebens. Der alte Mensch geht beladen mit Erfahrungen durchs Leben, die immer auch schwer zu tragen sind. Dies führt viele alte Menschen an eine Lebensweisheit heran, die von der Gesellschaft fast völlig ignoriert und übersehen wird.

Die Erfahrungen eines gelebten Lebens sind immer auch Geschenk für die Umwelt. Es ist verblüffend, dass der Jugendkult in Euren Ländern in dem Maße zunimmt, in dem die Gesellschaft als Ganzes altert. Doch es ist keine Schande, ein Leben gelebt zu haben. Die Missachtung des Alters bringt Euch in die absurde Situation, dass Ihr alle alt werden wollt, aber dass niemand es sein will. (*Anm. der*

Verfasserin: Scherzhaft gesagt.) Da und dort, wo sie nicht unterdrückt werden, erleben alte Menschen bisweilen eine Art zweiter Pubertät, eine ganz besondere Form der Öffnung für Neues. Die grandiose Vielgestaltigkeit der gemachten Lebenserfahrungen führt sie zu einer inneren Flexibilität – eine ganz besondere Art geistiger und emotionaler Freiheit. Der Mensch erlebt im wahrsten Sinne des Wortes einen zweiten Frühling voller Neugier, Elan und Aufbruchstimmung. Leider wird dieser Seinszustand von Euch häufig missverstanden und völlig falsch interpretiert. Wer dies jedoch versteht, kann viel für das eigene Leben lernen und das Erreichen dieses Seinszustandes anstreben.

Alte Menschen sind keine unmündigen Kinder. Im Gegenteil, wer das Alter versteht und das Leben als einen Prozess beständigen Wachsens und Werdens versteht, der liebt alte Menschen und verehrt sie. Der alte Mensch, der sich in innere, geistige Welten zurückzieht, birgt ganz besondere Herausforderungen für die Gesellschaft. Im Umgang mit ihm zeigt der Mensch, wie er sich selbst definieren will.

In der Art des Umgangs mit den Alten und Kranken spiegelt sich das Selbstbildnis der Jungen und Gesunden. Und so zeigt sich hier wie in keinem anderen Lebensbereich, dass in Euch selbst und Eurer Gesellschaft allerhand im Argen liegt. Wer sich selbst und das Leben nach sichtbarer und vor allem bezahlbarer Leistung definiert, hat die Komplexität seiner selbst und des göttlichen Schöpfungsplanes nicht verstanden.

Das Leben ist weitaus mehr als das. Der Mensch ist kein Packesel und das Leben ist kein Haufen Erde, der mühselig von rechts nach links geschaufelt werden muss. Lebenslust und Daseinsfreude können und sollten gerade im Alter wieder ein großes Thema sein.

»Das Alter raubt dem geistreichen
Menschen nur die für die Weisheit
zwecklosen Eigenschaften.«
Joseph Joubert

Weiß

Die Farbe des Friedens

Meine liebe Freundin, mein lieber Freund, obwohl Weiß und Schwarz im physikalischen Sinne einen besonderen Stellenwert unter den Farben einnehmen, wollen wir sie dennoch hier als solche behandeln, nehmt Ihr sie doch ebenso als Farben wahr wie all die anderen.

Die Farbe Weiß symbolisiert den Frieden. Sicherlich denkt Ihr alle an die weiße Friedenstaube. Außerdem ist sie Sinnbild von Vollkommenheit und Unschuld. Im Gegensatz zum warmen, gelblichen Licht der Sonne, das für das nährende Prinzip der Mütterlichkeit steht, symbolisiert das eher kühle, weiße Mondlicht die Prinzipien von Schutz und Trost. Das wunderbare weiße Licht des Mondes repräsentiert die scheueste aller Lieben: die Vaterliebe.

Weiß ist immer da und dort angezeigt, wo es gilt, Schuldgefühle abzubauen und mit sich selbst ins Reine zu kommen. Mehr noch als Blau wirkt es Depressionen entgegen, die dieser Quelle entstammen.

Weiß fördert die Akzeptanz des eigenen Göttlichen und ebnet den Weg zum Höheren Selbst. Es hilft bei Abbau und Überwindung von Ängsten.

In der Pflanzenwelt ist Weiß die am häufigsten vertretene Blütenfarbe. Da Weiß alle Farben des Spektrums zurückstrahlt, wirkt es völlig neutral. Weiße Blüten harmonieren mit jeder anderen Farbe und unterstützen deren Wirkung. Sie ertragen und wünschen sehr viel Licht, sind jedoch ebenso in der Lage, schattige Partien aufzuhellen – ein Hinweis auf die antidepressive Wirkung der weißen Farbe. Keine andere Blütenfarbe leuchtet so kräftig im Schatten, Weiß bringt im wahrsten Sinne des Wortes Licht ins Dunkel.

Wie keine andere Farbe steht Weiß für göttliches Licht und vollkommene Liebe. Die Heilwirkung weißen Lichtes ist unübertroffen. Diese Welt assoziiert das Göttliche zu Recht mit Vollkommenheit und Unschuld. In Band I *Des Menschen Wunsch und Gottes Wille* haben wir uns ausführlich mit der Illusion der Schuldfähigkeit auseinandergesetzt. Doch wenn der Mensch an Unschuld denkt, dann denkt er zumeist an völlige Verklärtheit, absolute Wunschlosigkeit und nicht zuletzt an die Abwesenheit von Sexualität. Diese fehlgeleiteten, verzerrten Vorstellungen haben jedoch nicht das Geringste mit der Wirklichkeit der natürlichen Unschuld des Menschen und der Schöpfung zu tun. Liebe ist Unschuld und Unschuld ist Liebe. Unschuld ist der Zustand völliger Anerkennung des Göttlichen in Dir selbst und in allem, was ist.

Schwarz
Die Farbe der Nacht

Mein lieber Freund, meine liebe Freundin, kommen wir nun zu der Farbe Schwarz. Keiner anderen Farbe begegnet der Mensch mit so viel Ambivalenz. Schwarz verbreitet eine Atmosphäre von Wärme und Schutz. Keine andere nimmt so viel Sonnenlicht auf und absorbiert es völlig, wohingegen alle anderen Farben alles Licht außerhalb des eigenen Spektrums zurückstrahlen.

Schwarz umhüllt den Menschen mit einem Gefühl von Sicherheit. Aus diesem Grunde ist schwarze Kleidung so beliebt. Schwarz ist immer da und dort angezeigt, wo der Mensch sich schutzlos ausgeliefert und verwirrt fühlt. Wo es an menschlicher Wärme fehlt, wirkt Schwarz besänftigend, tröstlich und heilsam. Mehr noch als die Farbe Rot hat Schwarz eine zentrierende Wirkung, es fördert jede Form von Energiebündelung und Konzentration.

Schwarz wirkt dann förderlich, wenn Stille, Kontemplation und Besinnung gesucht werden. Obwohl es viele dunkelfarbige Blumen in der Natur gibt, kommt das reine Schwarz als Blütenfarbe in der irdischen Flora nicht vor. Die stärkste Kontrastwirkung hat Schwarz mit einem satten, kräftig strahlenden Gelb. Diese beiden Farben unterstützen und betonen sich gegenseitig in ihrer Wirkung. Im Gegensatz dazu kontrastiert das an früherer Stelle erwähnte Violett stärker mit einem blassen, eher fahlen Hellgelb. Eure Einstellung zu Schwarz ist deshalb so ambivalent, weil es ebenso Sinnbild ist für Tod und Trauer, für alles Okkulte und

Böse. Schwarz symbolisiert dämonische Mächte und dunkle Gestalten. Es steht für die Dunkelheit der Nacht und des Herzens.

Alles grundsätzlich Dunkle und Negative, das der Mensch fürchtet, kann schlussendlich nur die Abwesenheit von Liebe sein. In diesem Zusammenhang sei betont, dass es das grundsätzlich Böse, das der Mensch so sehr fürchtet, nicht gibt. Vielmehr handelt es sich um Angst und damit um Unwissenheit. Wir haben uns in Band II *Um Gottes willen und um deinetwegen* ausführlich mit dieser Thematik befasst. Angst ist nichts anderes als Fehlwahrnehmung im wahrsten Sinne des Wortes: Sie ist die fehlende Wahrnehmung der Allgegenwart der Liebe von Alles-was-Ist und damit auch der Liebe in Dir selbst. Wie wir in unseren Schriften immer wieder betont haben, bringt Angst nie Liebe hervor, sondern immer und ausnahmslos weitere Angst, Schuld, Gewalt, Zerstörung und damit neuen Irrtum.

Keine dämonische Macht, nichts Liebloses kann den anrühren, der sich selbst liebt. Trostlose Dunkelheit kann nur dort in Geist und Herz Einzug halten, wo es an Selbstliebe mangelt. Dem Licht der Liebe muss jede geistige und emotionale Dunkelheit weichen. Der Mensch kann Liebe immer nur in dem Maße annehmen, in dem er sich selbst liebt. Was Du Dir nicht aus Dir selbst heraus zugestehst, kannst Du ebenso wenig von anderen akzeptieren. Umnachtung des Herzens ist nur da und dort möglich, wo der Mensch sich selbst im Stich lässt und sich die Loyalität und Treue bedingungsloser Liebe verweigert.

Die Dunkelheit der irdischen Nacht, die den Menschen und die Natur wie ein weicher, schützender Mantel sanft umhüllt, wird nur dann gefürchtet, wenn der Mensch eigene, im Dunkeln liegende Wesensanteile fürchtet und ablehnt. Wer sich selbst im Licht der Selbstliebe sieht, hat keinen Grund, unbekannte und im Verborgenen schlummernde Wesensanteile zu fürchten. Wer sich selbst zum Freund hat, dem wird auch die Nacht zum Freund.

»Liebe Dich selbst
mit aller Gewalt – mit aller Gewalt,
die Du Dir selbst antust.«
Regulus

Braun

Die Farbe der Erde

Meine liebe Freundin, mein lieber Freund, nun wollen wir Deine geschätzte Aufmerksamkeit auf die Farbe Braun lenken. Bei der Farbe Braun denkt wohl jeder recht spontan an gute Erde, an Mutterboden, mit ihrem tiefen, satten Braun.

Wie keine andere, so steht diese Farbe für Erdung, Heimat und Heimkehr. Die Farbe Braun ist immer da und dort angezeigt, wo es an dem Gefühl sicherer Einbettung und Geborgenheit fehlt. Braun hilft den Menschen dabei, sich zu erden und sich in dieser Welt heimisch und geborgen zu fühlen. Braun bestärkt die Akzeptanz des eigenen Lebens als das Seine und bekräftigt die Freude daran. So wirkt

Braun der Todessehnsucht wirksam entgegen. Braun steigert das Wohlbefinden deshalb so sehr, weil es den Menschen erdet, also mit Mutter Erde verbindet, gleichsam einer Nabelschnur aus Sicherheit und Geborgenheit.

Braun fördert die Zuversicht und das Vertrauen darauf, dass im Irdischen immer für alles gesorgt ist, was der Mensch braucht. Braun bekräftigt das Urvertrauen und erinnert daran, dass wir auch hier, im weltlichen Dasein, nie wirklich von unserem Schöpfer und unserer himmlischen Heimat getrennt sind. So erinnert Braun an die Allgegenwart Gottes in allem, was uns begegnet und widerfährt.

Braun hilft den Menschen, die ungern reisen und sich unwohl und verloren fühlen, wenn sie nicht zu Hause sind. Wer das Gefühl der Geborgenheit in sich selbst findet, der kann getrost auf Reisen gehen und neue Welten entdecken, denn er nimmt seine innere Heimat immer mit sich. Wem es schmerzlich an Gottesnähe fehlt, der braucht die Energie der Farbe Braun. Braun hilft dabei, seinen eigenen, ganz individuellen und persönlichen Weg zu Gott zu finden. An dieser Stelle sei an die braunen Mönchskutten erinnert. Braun repräsentiert das nährende Prinzip sowohl in irdisch-materieller als auch in spiritueller Hinsicht. Der weibliche, mütterliche Wesensaspekt des Göttlichen tritt hier deutlich zutage.

In der herrlichen Welt der Botanik ist Braun bei den Blütenfarben eher selten vertreten, aber doch vorhanden, zum Beispiel bei einigen Sorten der Sonnenbraut oder des Fingerhutes. Diese Blüten haben eine ganz besondere Ausstrahlung. Auf wundersame Weise sättigt ihre Schönheit das Auge und das Gemüt. Der offenherzige Betrachter wird gelassener und von einer wohltuenden inneren Ruhe

›heimgesucht‹. (*Anm. der Verfasserin: Scherzhaft gesagt.*) Wie schon die alten Ägypter sehr recht erkannten, harmoniert die Farbe Braun besonders gut mit einem strahlenden Blau, der Farbe der Spiritualität. In dieser Farbkombination wird das Irdische mit dem Himmlischen verbunden und vereint. Diese Farbzusammenstellung holt Gott aus dem Himmel auf die Erde und bringt den Menschen von der Erde in den Himmel. Diese Kombination wirkt also stark erkenntnisfördernd.

Außerdem harmoniert Braun sehr gut mit allen anderen Erdtönen, also auch mit Grün. Diese Kombination strahlt Wärme aus und ist immer da und dort angezeigt, wo es dem Menschen an innerer Wärme, Geduld und Gelassenheit fehlt. Diese Farbkombination wirkt besänftigend auf Menschen, die zu hart und streng gegen sich selbst sind. Was aber die Milde gegen sich selbst fördert, das bestärkt auch die Sanftmut gegen andere. Wir erinnern uns: Du kannst Dich nicht selbst lieben, indem Du Dir Liebloses antust. Hast Du dies erst einmal erkannt, brauchst Du Dich nie wieder ›mit aller Gewalt zu lieben – mit aller Gewalt, die Du Dir selbst antust‹. Dann brechen wahrhaft rosige Zeiten für Dich an.

»Heimat ist nicht immer dort,
wo wir zur Welt kamen –
Heimat ist, wo wir lieben.«
Ehm Welk

Farblosigkeit

Die ›Farbe‹ des Lebens

Mein lieber Freund, meine liebe Freundin, zu guter Letzt möchten wir in unseren Abhandlungen über die Welt der Farben die Abwesenheit von Farbe, die Farblosigkeit, behandeln.

Wenn wir an Klares und Farbloses denken, dann kommt uns in erster Linie wohl die ›Farbe‹ klaren, reinen Wassers in den Sinn. Doch auch das Element Luft will hier nicht vergessen sein. Und erst jetzt, bei näherem Hinsehen, wird uns das Hauptcharakteristikum der Farblosigkeit bewusst: seine Durchsichtigkeit.

Alles Farblose, wie etwa Wasser und Luft oder auch Glas, Kristall oder der Diamant, ist durchsichtig. Und genau hier, in ihrer Transparenz, liegen die Faszination und das tiefe spirituelle Geheimnis in den Dingen. Wasser und Luft sind das reinste Lebenselixier, ohne die das Leben auf der Erde nicht möglich wäre. Und um eben diese Klarheit geht es. Die Transparenz der Dinge, der eine ganz besondere Faszination zu eigen ist, ermöglicht den klaren, ungetrübten Blick auf die übergeordnete Wirklichkeit der Dinge. Diese übergeordnete Wirklichkeit kann jedoch ewig nur bedingungslose Liebe sein. Und nun beginnen wir, das Wesen von Luft und Wasser zu begreifen, und erkennen, warum diese Elemente absolut lebensnotwendig sind.

Farblosigkeit, Transparenz, steht für innere Klarheit, für den vollkommenen ›Durchblick‹ sowohl in Bezug auf sich selbst als auch in Bezug auf die Welt der äußeren Erscheinungen. Wo Transparenz herrscht, kann nichts die Klarheit des Blickes trüben und ihm hinderlich im Wege stehen. Wie könnte es auch anders sein?

Weil Transparenz für vollkommene Liebe steht, in der es nichts zu verheimlichen geben kann, so steht sie auch für vollkommenes Verständnis. Erkennt der Mensch, dass Liebe der Stoff ist, aus dem er gemacht ist, dann erkennt er die Liebesessenz in allem und jedem, was ihm begegnet, in seinem Gott und in der ganzen Schöpfung. Somit steht Farblosigkeit für vollkommene Liebe, für wahre Erkenntnis und für höchste Weisheit.

Farbloses fördert die Unabhängigkeit des Denkens und die absolute Individualität. Es fördert den freien Geist, der sich selbstständig ein klares und unbestechliches Urteil über die Dinge bildet und auch vor ganz großen Gedanken und Genialität nicht zurückschreckt.

Transparentes ist immer da und dort angezeigt und vonnöten, wo der Mensch Angst hat vor sich selbst und somit vor dem Leben und vor seinem Schöpfer. Es ist immer dann sehr hilfreich, wenn der Mensch sich davor fürchtet, seine wahre Größe und Heiligkeit anzuerkennen, und es nicht wagt, sich selbst zu lieben.

Transparentes steht für die absolute Hingabe an sich selbst und damit an die Liebe selbst und fördert sie. Wo sich die Hingabe für die Liebe entscheidet, da kann ihr ewig nur höchste Erkenntnis auf dem Fuße folgen. In Wirklichkeit ist eben doch alles gut!

5. Kapitel

Die Welt der Düfte

Die 3 Düfte der Demokratie:

Sandelholz

Der Duft der Freiheit

Meine liebe Freundin, mein lieber Freund, Sandelholzöl wird durch Wasserdampfdestillation aus dem Herzen des Stammes des Sandelholzbaumes (Santalum album) gewonnen. Erst nach 20 Jahren sammelt sich das Öl im Kernholz des Stammes. Je älter der Baum, desto besser die Qualität des Öles. Das aus Ostindien stammende Sandelholzöl ist das hochwertigste und gehört zu den teuersten Duftrohstoffen. Sandelholzöl ist die ›göttliche Essenz‹ und fester Bestandteil religiöser und spiritueller Traditionen in Indien.

Ein im Sandelholz enthaltener Inhaltsstoff ist einem männlichen Hormon nahezu identisch, weshalb ihm eine aphrodisierende Wirkung nachgesagt wird. Hier findet sich eine Eigenschaft, der wir erneut beim heimischen Flieder begegnen werden. Die schwere Süße dieses Duftes ist von unvergleichlicher Lieblichkeit. Er mutet orientalisch an, ist holzig-weich und sehr harmonisch. Sandelholz ist der Duft des Mannes schlechthin und findet in zahllosen Herrendüften Verwendung.

Sandelholz ist der Duft der Freiheit. Für kaum einen anderen Aspekt menschlichen Seins gibt es so viele unterschiedliche Erklärungsmodelle und Definitionen wie für die Freiheit. Aber was ist Freiheit? Was macht sie aus und worauf gründet sie? Kaum ein Mensch geht auf Erden, der sich nicht nach ihr sehnen und ihr nachstreben würde, und dies, ohne dass er so recht weiß, wonach er denn da sucht. Dieser Umstand sollte uns Beweis genug dafür sein, dass es mit der Freiheit tatsächlich eine besondere Bewandtnis hat.

Freiheit ist göttliches Seinsattribut. Das, und nur das, macht sie für den Menschen unwiderstehlich und von ganz besonderer Anziehungskraft. Der Mensch strebt nach Freiheit. Freiheit wovon? Und Freiheit wofür? Wenn wir dies verstehen wollen, dann müssen wir sozusagen bei null anfangen und zu unseren Wurzeln und unserem Ursprung zurückkehren, also zu unserem Schöpfer.

Gott legt dem Menschen und jeder Kreatur die tiefe Sehnsucht nach Freiheit ins Herz, weil sie göttliches und damit auch menschliches Seinsattribut ist. Freiheit ist eine natürliche Eigenschaft Gottes und somit auch die Deine. Es kann nur eine Freiheit geben, ebenso wie es auch nur eine Gefangenschaft geben kann. Freiheit wovon? Freiheit von Angst! Freiheit wofür? Freiheit, ganz Du selbst zu sein!

Wie wir des Öfteren betont haben, steht es Dir allzeit völlig frei, Dich zu definieren, wie immer es Dir beliebt. Deine Wirklichkeit kann niemals bedroht oder gar ausgehebelt werden. Wenn Du Dich noch so sehr über Dich selbst irren magst, so bist und bleibst Du doch ewig, wer und was Du bist: ein göttlicher Seinsaspekt, eine herrliche Eigenschaft Gottes, von ihm erschaffen zu seinem Bilde und ihm gleich. Du bist Liebe. Was also könnte Freiheit Dir jemals zu bieten haben, wenn nicht die freie Entfaltung Deiner göttlichen Liebesnatur?

Freiheit kann also letztlich nur ein anderes Wort sein für Liebe. Was, wenn nicht Liebe, könnte Dir jemals unwiderstehliches Grundbedürfnis sein? Was, wenn nicht Liebe, ist die Triebfeder allen Seins? Und so kann auch der drängende Ruf der Freiheit in Deinem Herzen niemals im Nichts verhallen und verstummen.

Und so ist es mit der Freiheit wie mit der Liebe: Sie kann niemals partiell sein. Niemals kann es ein bisschen Freiheit geben, ebenso wie es niemals ein bisschen Liebe geben kann. Sie ist ganz oder gar nicht. Die längste Kette ist immer noch eine Kette und die weichste Fessel bleibt dennoch eine Fessel. Da und dort, wo Liebe ist, da ist sie ganz und gar.

Wie wir wissen, ist Liebe nicht teilbar. Sie gibt sich ganz und gar hinweg und bleibt dennoch ganz und gar bei sich selbst. In ewiger Ausdehnung begriffen, ist und bleibt sie ewiges, wundervolles göttliches Mysterium. Und so kann Freiheit im letzten und ureigenen Sinne immer nur Freiheit der Liebe sein. Die Freiheit der Liebe ist immer und ausnahmslos Freiheit für die Liebe. Nur Freiheit, die sich in den Dienst der Liebe stellt, ist wirkliche Freiheit. Und so fordert vollkommene Freiheit nichts, so wie Liebe niemals fordert, denn das braucht sie nicht. Was könnte es für die Liebe jemals zu fordern geben? Vollkommene Freiheit fordert nicht, sie fragt. Freiheit fragt: »Liebe, was gebietest Du?« An dieser Stelle verweisen wir gerne auf das entsprechende Kapitel in unseren vierten Botschaften.

Wie bereits erwähnt, kann ›Freiheit für‹ also immer nur Freiheit für Liebe sein. Im Umkehrschluss kann ›Freiheit von‹ immer nur Freiheit von Angst sein. Das eine ergibt sich zwingend aus dem anderen. Wo die Allgegenwart der Liebe erkannt und gelebt wird, da ist jeder Angst ein jähes Ende gesetzt. Wo Liebe ist, kann Angst niemals sein und hier ist jeder Furcht auf ewig ein mächtiger Riegel vorgeschoben. Das ist Freiheit! Freiheit, die das Herz erfüllt.

Ylang-Ylang

Der Duft der Gerechtigkeit

Mein lieber Freund, meine liebe Freundin, Ylang-Ylang ist der Duft der Gerechtigkeit. Die großen gelben Blüten des Ylang-Ylang-Baumes (Cananga odorata) verströmen einen betörend intensiven Duft. Diese schwere und typisch orientalische Süße des blumigen Duftes ist, im Gegensatz zum männlichen Sandelholzduft, eine sehr weibliche. Ylang-Ylang gilt als die ›Blume der Blumen‹. Das wertvolle Öl wird durch Wasserdampfdestillation gewonnen und findet in zahlreichen Parfums Verwendung.

Ylang-Ylang ist, wie gesagt, der Duft der Gerechtigkeit. Wohl kaum einem anderen Aspekt menschlichen Daseins steht der Mensch in dieser Welt mit mehr Ambivalenz gegenüber als der Gerechtigkeit. So, wie sich diese Welt Euch darstellt, ist dies sowohl nachvollziehbar als auch legitim. Hier sollen jedoch nicht die allseits bekannten Missstände dieser Welt vor Gericht stehen, sondern vielmehr wollen wir unseren Blick deren Heilmitteln zuwenden. Angesichts der Welt und der Sicht, wie Ihr sie erlebt, mag es wie blanker Hohn anmuten, wenn wir Euch sagen, dass es im letzten Sinne keine Ungerechtigkeit gibt. Und doch ist dem so. In Band I *Des Menschen Wunsch und Gottes Wille* haben wir gesehen, dass der Mensch nicht etwa das bekommt, was er verdient, sondern das, was er will. Dem Menschen geschieht nach seinem Denken und Glauben. Wir verweisen an dieser Stelle gerne auf das entsprechende Kapitel.

Wenn wir das Konzept der Gerechtigkeit verstehen wollen, dann müssen wir es zuerst einmal klar definieren. Was ist Gerechtigkeit?

Die meisten unter Euch werden darunter sie als die gerechte Verteilung aller denkbaren irdischen Güter definieren. Ein jeder soll das ihm Zustehende bekommen. Doch dann müsst Ihr Euch die Frage gefallen lassen, wer denn da ist, der entscheiden soll, wem was zusteht? Wer soll entscheiden und nach welchen Kriterien?

In seiner Not, Verzweiflung und verständlichen Verblendung angesichts der Zustände dieser Welt ersann sich der Mensch das Zerrbild eines Gottes, der nur ungerecht sein und offensichtlich Lieblingskinder haben kann. Dieses abstruse und grausame Zerrbild kann nur Misstrauen und Angst vor unserem Schöpfer im Gepäck haben und ein tiefes und bitteres Gefühl von Einsamkeit und Verlassenheit zur Folge haben. Doch Gott ist Liebe und Liebe ist Gott. Wer an einen ungerechten Gott glaubt, der kann unmöglich in die Liebesnatur der göttlichen Allmacht vertrauen, in der es niemals Ungerechtigkeit geben kann.

Da und dort, wo Euch in Eurer Welt Ungerechtigkeit begegnet, da hat nicht Gott den Menschen im Stich gelassen, sondern der Mensch den Menschen, und zwar vor allem und in erster Linie sich selbst. Ungerechte Menschen übersehen sich selbst und sind somit im Irrtum über ihren eigenen tiefsten Wesenskern, der allzeit nur Liebe sein kann. Liebe von Gerechtigkeit und Gerechtigkeit von Liebe trennen zu wollen, kommt dem absurden Unterfangen gleich, die Sonne von ihrem Licht trennen zu wollen. Es kommt dem Versuch gleich, Gott von sich selbst abspalten zu wollen – und dies ist ewig vollkommen unmöglich – Gott sei Dank!

Wie die Liebe selbst, so ist auch die Gerechtigkeit Gottes eine absolute. In Gottes Wirklichkeit steht jedem Menschen und jeder Kreatur nicht etwa nur dieses oder jenes zu, sondern alles. So wie die Liebe keine Grenzen kennt, so kennt auch die Gerechtigkeit keine Begrenzung. Liebe will immer alles für jeden und so gibt sie denn auch allezeit alles.

Je mehr der Mensch zur Anerkennung seines wirklichen Wesens erwacht, zur Erkenntnis seines göttlichen Liebeserbes, desto gerechter wird sich auch diese Welt darstellen. Das eine ist die zwingend logische und völlig natürliche Konsequenz des anderen. Liebe kennt keine Risiken, keine schädlichen Nebenwirkungen und Nachteile und schon gar keine zu vernachlässigenden Minderheiten.

Gerechtigkeit ist ganz oder aber, sie ist gar nicht. Und so ist es mit der Gerechtigkeit ebenso wie mit der Freiheit. Beides sind Attribute der Liebe selbst und untrennbar mit ihr verwoben. Was, wenn nicht Liebe, kann jemals Lösung sein und Erlösung bringen?

»Es gibt ein unfehlbares Rezept,
eine Sache gerecht unter zwei Menschen aufzuteilen:
Einer von ihnen darf die Portionen bestimmen,
und der andere hat die Wahl.«

Gustav Stresemann
(Friedensnobelpreisträger 1926)

Vanille

Der Duft der Brüderlichkeit

Meine liebe Freundin, mein lieber Freund, in der Vanille (Vanilla planifolia) vereinen sich sehr viele unterschiedliche Aromastoffe, die gemeinsam zu einem überaus harmonischen und herrlichen Duftpotpourri verschmelzen. Vanille gilt als die Königin der Düfte und erfreut sich größter Beliebtheit. Kein anderer Duft ist verträglicher mit anderen Düften als die Vanille. Hier finden wir deutliche Hinweise auf die Seele dieses Duftes: Vanille ist der Duft der Brüderlichkeit.

Es darf uns nicht wundern, dass Brüderlichkeit genauso wie die beiden anderen Eckpfeiler der Demokratie, die Freiheit und die Gerechtigkeit, nur ein anderes Wort ist für Liebe. Wo Liebe herrscht, da ergibt sich die Brüderlichkeit zwangsläufig und vollkommen selbstverständlich. In Band I *Des Menschen Wunsch und Gottes Wille* sind wir ausführlich auf den direkten Zusammenhang von Selbst- und Nächstenliebe eingegangen. Hier haben wir die Brüderlichkeit an die letzte Stelle gesetzt, ebenso, wie wir es bei den Sprachen mit der Sprache der Toleranz getan haben.

Toleranz ist die Mutter der Brüderlichkeit und untrennbar mit ihr verwoben. In dem Maße, in dem der Mensch sich selbst Verständnis und Nachsicht, also Toleranz, entgegenbringt, in diesem gleichen Maße kann er dies auch für andere aufbringen. Das eine bedingt das andere. Teresa von Avila drückte es mit folgenden weisen und wundervollen Worten aus: »Mein Gott, habe Erbarmen mit jenen, die kein Erbarmen mit sich selbst haben.«

Brüderlichkeit wird immer und unfehlbar aus Liebe geboren, denn es liegt im ureigenen Wesen der Liebe, sich auszudehnen und sich über alles und jeden zu ergießen. Brüderlichkeit erkennt die Ebenbürtigkeit des anderen an und belässt ihm seine Ehre und somit auch Dir die Deine.

Auf den fundamentalen Unterschied zwischen Mitgefühl und Mitleid sind wir in früheren Botschaften eingegangen. An dieser Stelle sei erneut daran erinnert. Da und dort, wo sich Machtgier und Egoismus unter dem Deckmantel angeblicher Brüderlichkeit, Barmherzigkeit und Wohltätigkeit austoben, da ist Mitleid nie weit entfernt. Mitleid hinterlässt immer ein schales und bitteres Gefühl von Unterlegenheit, Schwäche und Verlust. Mitleid erhält und bekräftigt Abhängigkeiten.

Echtes Mitgefühl ist aufbauend, verbindend und bestärkend, sowohl für den Wohltäter als auch für deren Nutznießer. Wir erinnern uns: Was sich nicht wie Liebe anfühlt, das ist auch keine! Und so, wie die Liebe immer die Freiheit des anderen will, so will es auch die Brüderlichkeit.

»Die Erde ist ein großer Tisch.
Für jeden gibt's zu essen.
Und sorgt an diesem Tisch
nicht jeder nur für sich,
wird jeder satt, der Hunger hat,
und keiner wird vergessen.«
Unbekannt

Die 4 Düfte der Weisheit:

Heu

Der Duft der Fülle

Meine liebe Freundin, mein lieber Freund, an erster Stelle wollen wir uns nun dem Duft von frischem Heu zuwenden, dem Duft der überschäumenden Fülle. Die Energie dieses Duftes verkörpert das Prinzip von Nahrung, Versorgung und liebevoller Pflege.

Die schwere Süße des Duftes von frischem Heu wirkt auf viele Menschen unwiderstehlich und genau in dieser schweren Süße liegt das süße Geheimnis aller Düfte, die wir in diesen Botschaften behandeln. Ihr Geheimnis beruht auf der wundervollen und schweren Beladung dieser Düfte mit Liebesenergie. Da das Heu dem Prinzip der Nahrung und der Versorgung folgt, wirkt sein Duft sich sehr positiv auf Menschen aus, die das Vertrauen in die göttliche Führung und Liebe verloren haben. Es hilft dabei, wieder Vertrauen zu fassen und zu erkennen, dass unser himmlischer Vater immer alles gibt und bereitstellt, was es braucht. Der Mensch kann sich wieder fallen lassen in Gottes Hand und sich von seinem Urvertrauen durch sein Leben tragen lassen.

Die Heuenergie ist vor allem eine sehr beruhigende. Sie glättet die inneren Wogen bei Existenzängsten und schärft das Bewusstsein dafür, wie Gott die Dinge immer und unfehlbar zu Deinem Nutzen fügt. Die Heuenergie sagt: »Sehet die Vögel des Himmels, sie säen nicht, sie ernten nicht und unser himmlischer Vater ernährt sie doch. Bist Du nicht vieles mehr als ein Vogel?« So bewirkt die Heuenergie, dass die Beziehung zu Gott wieder frei, offen, freudig und unbeschwert von stillem Vorwurf fließen kann.

Auf der psychologischen Ebene hilft der Duft von Heu vor allem gegen kindliche Verlassenheitsängste. Aber auch beim erwachsenen Menschen ist diese segensreiche Wirkung nicht zu unterschätzen. Da Heu dem Prinzip des steten und vollständigen Versorgtseins folgt, wirkt es sehr besänftigend und beruhigend auf die allgemeine Gemütsverfassung. So ist es eine hilfreiche Stütze in allen schwierigen Zeiten des Abschiednehmens wie bei Scheidung oder beim Tod eines geliebten Menschen – eben immer dann, wenn der Mensch verlassen wird oder gehen muss.

Auf der anatomischen Ebene wirkt die Heuenergie ausgleichend und beruhigend auf das zentrale Nervensystem. Außerdem entfaltet sie ihre heilerische Wirkung bei jeder Art von Essstörungen. Hier wirkt sie der diffusen Angst vor Mangel entgegen, die immer mit einer Essstörung einhergeht. Der Duft von Heu hilft dabei zu erkennen, woran es wirklich mangelt.

»Leg alles still in Gottes Hände,
das Glück, den Schmerz,
den Anfang und das Ende.«
Eduard Mörike

Weißer Flieder

Der Duft der Sinnlichkeit

Mein lieber Freund, meine liebe Freundin, kommen wir nun zum wunderbar süßen Duft des weißen Flieders. Diese spezifische Duftnote, von der hier die Rede ist, ist allen Fliedersorten (Syringa vulgaris) zu eigen, aber bei der weißen Variante entfaltet er sich am ausgeprägtesten.

Flieder symbolisiert die junge, romantische Liebe. In seinem Duft finden sich Stoffe und Komponenten, die dem männlichen Sexualduftstoff ähnlich und nahe verwandt sind. Somit ist der schwere, süße und sehr intensive Fliederduft der Duft der Sinnlichkeit und Leidenschaft schlechthin. An dieser Stelle verweisen wir gerne auf das entsprechende Kapitel in Band I *Des Menschen Wunsch und Gottes Wille*, wo wir das herrliche und göttliche Mysterium der menschlichen Sexualität ausführlich erörtert haben.

Die Energie des Fliederduftes hilft dabei, sich vollkommen und in jedem seiner Wesensaspekte von seinem himmlischen Vater geliebt und akzeptiert zu fühlen. Fliederduft verbindet das Menschliche mit dem Göttlichen und schlägt hier eine wichtige und notwendige Brücke, wenn das Verhältnis zum Schöpfer ein vollkommen harmonisches und glückliches sein soll.

Auf der psychologischen Ebene fördert weißer Flieder die Akzeptanz des eigenen sexuellen Erlebens und wirkt sich somit sehr hilfreich und unterstützend auf jeden psychotherapeutischen Prozess aus. Flieder unterstützt die

Hingabe an die eigenen, ganz persönlichen Leidenschaften, die immer auch den Talenten entsprechen, gleichwohl in beruflicher wie auch privater Hinsicht. Über die Leidenschaften und die Hingabe daran sprachen wir bereits in Band III *Des Menschen Weg und Gottes Licht*.

Unsere Leidenschaften haben sehr viel mit Sinnlichkeit zu tun. Wenn wir unseren Leidenschaften frönen, genießen wir unser Sein mit allen Sinnen. Die Hingabe an die eigenen Leidenschaften ist immer von einem tiefen, stillen Gefühl der Glückseligkeit begleitet. Wie könnte es auch anders sein? Was wir mit Leidenschaft tun, das tun wir mit Liebe. Wo aber die Liebe ist, da ist immer auch Gott ganz in der Nähe.

Unsere Leidenschaften, Talente und Fähigkeiten sind grandioses und herrliches Geschenk Gottes, uns gegeben, sie auszudrücken, mit Leben zu erfüllen und zu genießen. Der Fliederduft wirkt sehr anregend und stimulierend auf sämtliche Körperfunktionen. Er fördert die Ausschüttung von Glückshormonen und regt bei Bedarf den Blutdruck an.

»Ein Mensch hat erst dann versagt,
wenn er an einer Aufgabe
gescheitert ist, die er liebt.«
Regulus

Wildrose

Der Duft der Liebe

Meine liebe Freundin, mein lieber Freund, die Rose (Rosa) symbolisiert die Liebe wie keine andere Gattung in der irdischen Flora. Der betörende, hinreißend süßliche Duft wilder Rosen ist unwiderstehlich und sucht seinesgleichen. Die sinnliche Schwere des süßen Duftes ist einzigartig und unvergleichbar. In diesem Duft vereinigen sich himmlische Leichtigkeit und herrliche Schwere in vollkommener Harmonie.

Der Duft einer Wildrose ist immer wieder ein grandioses und elementares Fest für die Sinne. Diese Energie fördert das Bewusstsein für die Liebe Gottes und lässt uns die ewige Bedingungslosigkeit dieser Liebe verstehen. Gott gibt immer nur Geschenke. So unterstützt der herrliche Duft wilder Rosen die tiefste, engste und intimste Beziehung, die es zwischen dem Menschen und seinem Schöpfer geben kann: die Freundschaft mit Gott.

Auf der psychologischen Ebene steigert Wildrosenduft das Selbstwertgefühl, da er zur Anerkennung, Würdigung und Ehrung der eigenen Liebesfähigkeit anregt. Diese Energie fördert somit die Selbstliebe. Was könnte es denn jemals mehr brauchen zur Glückseligkeit? Alles andere wird dazugegeben. Wildrosenduft bestärkt außerdem die Intuition in ungeahntem Maße.

Auf der Körperebene wirkt Rosenduft erfrischend und belebend auf alle Sinne. Er steigert die Fähigkeiten der Sinne und schärft alle Sinneswahrnehmungen gleichermaßen. Diese Energie wirkt generell sehr gesundheitsfördernd, aufbauend und heilsam. Rosenduft ist der Jungbrunnen unter den Düften.

»Kein Feuer, keine Kohle
kann brennen so heiß
als heimlich stille Liebe,
von der niemand nichts weiß.«
Deutsche Volksweise

Weihrauch

Der Duft des Himmels

Mein lieber Freund, meine liebe Freundin, an letzter Stelle unserer Exkursion in die wunderbare Welt der Düfte wollen wir uns nun dem Weihrauch widmen. Jeder kennt den einzigartigen, aromatisch-würzigen Duft des Weihrauchs.

Geräuchert wird das Harz, das vom Weihrauchbaum gewonnen wird. Dieser Duft ist wie Balsam für die Seele, den Geist und das Gemüt. Weihrauch wurde schon bei den alten Ägyptern für kultische Zwecke verwendet und wird bis heute von verschiedenen Religionen bei Kulthandlungen genutzt. Der Weihrauch repräsentiert sowohl die Reinigung als auch die Verehrung. Der aufsteigende, intensiv duftende Rauch symbolisiert das zu Gott emporsteigende Gebet. Weihrauch wirkt unterstützend und bekräftigend bei jeder Art von kultischer Handlung. Er fördert die Versenkung in das Gebet und die Meditation und bestärkt das Vertrauen in das wohlwollende Zuhören Gottes und der geistigen Welt des Lichtes.

Weihrauch wirkt wie ein machtvolles Bindeglied zwischen der irdisch-materiellen und der geistigen Welt. Es fördert die Intuition und damit den harmonischen und weichen Fluss der Kommunikation mit dem Höheren Selbst.

Weihrauch, der ›heilige Rauch‹, hat eine sehr stark reinigende Wirkung und hilft bei der Loslösung und Befreiung von negativen geistigen Energien aller Art. Wenn der

Mensch sich geistigen Mächten ausgeliefert fühlt, kann Weihrauch wirkungsvoll bei der Befreiung helfen und Stärke vermitteln, was besonders sehr sensiblen und feinfühligen Menschen zugutekommt. Auch wo Orte und Lebensräume von Negativenergien gereinigt werden sollen, kommt Weihrauch zum Einsatz und entfaltet seine ganze harmonisierende und heilende Wirkung.

Weihrauch legt sich besänftigend und heilsam wie wohltuender Balsam auf emotionale Wunden jeder Art. Er hilft bei der Überwindung von Kindheitstraumata und Schockzuständen, denen der Mensch sich nur allzu oft hilflos ausgeliefert fühlt. So wirkt diese wundervolle und altehrwürdige Energie reinigend, beruhigend und heilerisch auf jeder Ebene menschlichen Seins.

Auf der Körperebene hat Weihrauch eine stark entgiftende Wirkung, der eine Revitalisierung folgt. Die Weihrauchenergie ist erneuernd und verjüngend.

»Das Gebet ist der Schlüssel am Morgen
und der Riegel am Abend.«
Mahatma Gandhi

Nachwort

Das Auge

Die Welt ist eine große Seele
und jede Seele eine Welt;
das Auge ist der lichte Spiegel,
der beider Bild vereinigt hält.

Und wie sich dir in jedem Auge
dein eignes Bild entgegenstellt,
so sieht auch jeder seine Seele,
sein eignes Ich nur in der Welt!

Emil Rittershaus
Lyriker und Rezitator
(1834 – 1897)

Über die Autorin

Bettina Büx, Jahrgang 1960, ist Mutter von vier erwachsenen Kindern und lebt im deutschsprachigen Grenzgebiet Ostbelgiens. Ihr tiefstes Interesse galt schon von Kindesbeinen an den spirituellen Fragen und geistigen Hintergründen des Lebens. Bereits in jungen Jahren ›wusste‹ sie, dass es ihre Berufung ist, zu schreiben und Botschaften aus der geistigen Welt zu vermitteln.

Nach vielen Umwälzungen in ihrem Privatleben und während langer, schwerer Krankheit widmete sie sich schließlich ganz den grundsätzlichen Lebensfragen. Sie hat sich schließlich, wie sie es selbst formuliert, »im wahrsten Sinne des Wortes gesundgeschrieben«, denn im Zuge ihrer schriftstellerischen Arbeit mit der geistigen Welt ist sie wider Erwarten und zu ihrer großen Freude vollständig genesen. Die wundersame Wirkung der Mitteilungen tat das Ihre und so ist es ihr gleichermaßen Bedürfnis und Berufung, die Botschaften, die sie als Geschenk von höchster Ebene betrachtet, weiterzugeben und einem breiten Publikum zugänglich zu machen.

Fragen zu ihren Büchern beantwortet die Autorin gerne. Sie erreichen sie per E-Mail unter:
regulus-botschaften@gmx.de.

Quellennachweis

Das große Handbuch der Zitate von A bis Z, Bassermann Verlag in der Verlagsgruppe Random House GmbH, München 2004, ISBN 3-8094-1699-1

www.aphorismen.de

Alle lieferbaren Regulus-Bücher

Band I: Das Einführungsbuch
Des Menschen Wunsch und Gottes Wille
296 Seiten | ISBN: 978-3-937883-91-5

Band II: Das Buch zum Thema Angst
Um Gottes willen und um deinetwegen
208 Seiten | ISBN: 978-3-937883-93-9

Band III: Das Erleuchtungsbuch
Des Menschen Weg und Gottes Licht
240 Seiten | ISBN: 978-3-937883-97-7

Band IV: Das Buch über die Liebe
Das Wesen Gottes und die Natur der Liebe
272 Seiten | ISBN: 978-3-96442-001-5

Band V: Das Buch über die Welt
Des Lebens Gunst und Gottes Gaben
200 Seiten | ISBN: 978-3-96442-008-4

www.die-regulus-botschaften.de

Liebe heilt! Der bekannte amerikanische Weisheitslehrer Matt Kahn, selbst seit seiner Kindheit hellsichtig, führt in diesen tiefsten aller Bewusstseinswege ein, der in große Freiheit und Klarheit führt: Alles, was ist, zu lieben – vor allem jene Ecken und Kanten, die wir nicht so gerne sehen, ist der Weg. Der Autor zeigt durch berührende eigene Erlebnisse und nachvollziehbare Übungen auf, wie wir wieder zu unserer ursprünglichen Lebendigkeit zurückfinden können.

Matt Kahn | **Liebe – was immer auch geschieht!**
Hardcover | 280 Seiten | € (D) 18,95
ISBN: 978-3-937883-95-3

Ist es möglich, dass in unseren tiefsten Verletzungen der Schlüssel zu einer kraftvollen Art des Betens verborgen ist, die uns vor 1.700 Jahren verloren ging?
In den 1990er Jahren fand und dokumentierte der Autor eine Art des Betens, die in der westlichen Welt verloren ging, aber in abgelegenen Klöstern in Zentraltibet noch immer Anwendung findet. Er beschreibt in diesem Buch diese uralte Art des Betens, die sich weder Worten noch sonstigen äußeren Ausdrucks bedient.

Gregg Braden | **Verlorene Geheimnisse des Betens**
Hardcover | 208 Seiten | 15,95 € (D)
ISBN: 978-3-937883-20-5

Viele Probleme, Ängste und Schuldgefühle sind bereits in vergangenen Leben entstanden und zeigen sich, um in diesem Leben transformiert werden zu können. Die Autorin zeigt anhand zahlreicher Beispiele auf, wie die geistige Welt (Jenseits, Engel und Geistführer) wirkt, wie frühere Leben auf das heutige Leben Einfluss nehmen und wie wir durch das Erkennen der Ursachen Klarheit und Verständnis, Vergebung und letztlich Freiheit erreichen können.

Andrea Dinkel-Tischendorf | **Tore zur Freiheit**
Taschenbuch | 264 Seiten | € (D) 14,95
ISBN: 978-3-96442-000-8

»Ja«: Kein anderes Wort hat so viel Kraft, um Probleme in Lösungen zu transformieren und das Leben zu verändern – davon sind die Autoren überzeugt.
Schritt für Schritt erfahren wir, welche verbreiteten Verwechslungen im Denken zu unnötigen Problemen führen und wie wir diese nachhaltig beenden können. Dieses Kompakt-Buch ermöglicht uns, durch die Kraft der Bejahung unser Leben in eine neue Richtung zu lenken.

A.-B. & C. Oberdorf | **»JA!« – Wie die Kraft der Bejahung Ihr Leben verändert**
TB-Kompakt | 144 Seiten | 9,99 € (D)
ISBN: 978-3-937883-67-0